新闻学的理论与实践研究

刘蓓　著

延边大学出版社

图书在版编目（CIP）数据

新闻学的理论与实践研究 / 刘蓓著. -- 延吉 ： 延
边大学出版社, 2020.12
ISBN 978-7-230-00435-0

Ⅰ. ①新… Ⅱ. ①刘… Ⅲ. ①新闻学－研究 Ⅳ.
①G210

中国版本图书馆 CIP 数据核字(2020)第 248330 号

新闻学的理论与实践研究

著　　者：刘　蓓
责任编辑：任绪成
封面设计：延大兴业
出版发行：延边大学出版社
社　　址：吉林省延吉市公园路 977 号　　　邮　　编：133002
网　　址：http://www.ydcbs.com　　　　E-mail：ydcbs@ydcbs.com
电　　话：0433-2732435　　　　　　　传　　真：0433-2732434
制　　作：山东延大兴业文化传媒有限责任公司
印　　刷：延边延大兴业数码印务有限责任公司
开　　本：787×1092　1/16
印　　张：14.25
字　　数：200 千字
版　　次：2022 年 3 月 第 1 版
印　　次：2022 年 3 月 第 1 次印刷
书　　号：ISBN 978-7-230-00435-0

定价：58.00 元

作者简介

刘蓓,江苏南通人,回族,文学硕士,2017年7月毕业于中国传媒大学新闻学专业,现就职于青海师范大学新闻学院,专职教师,研究方向为新闻业务。

前　言

当前，新闻学已成为我国社会科学领域中的一门重要学科，但在移动互联网飞速发展的今天，新闻学同样需要面对来自数字化的挑战，而这也正在成为一个全球性话题。媒体生态需要重构，研究新闻现象和新闻实践规律的新闻学也要顺势而动。

新闻作为一种比较特殊的社会信息而存在，它是当前发生的一些事件经过专业新闻人员的编辑，通过不同的方式进行公开的信息。新闻事件本身是客观的事件，但是通过主观的活动将事件公开、公布，即便新闻传播人员不进行公布，新闻事件也是客观真实存在的。人们只有意识到事件本身可以作为消息向全社会公布，才能够产生新闻信息。

媒体是新闻的传播介质。在最初阶段，媒体是手势和语言、文字；随着社会的发展，信息化时代的到来，媒体是视频、声光等各种电子化载体，它成为人们对历史进行记录和传承的一个重要工具。随着各种新技术的不断出现，媒体还会拥有更多的传输介质，借助新的传播形式，媒体的存在形态必将会越来越丰富。

本书力求概念表述清晰，理论阐述精练，旨在拓展学习者的教育理论知识，引导其发散思考。笔者在撰写本书的过程中，借鉴了许多前人的研究成果，在此表示衷心的感谢。由于笔者能力有限，书中还存在着许多不足之处，恳请前辈、同行以及广大读者斧正。

目　录

第一章 新闻学的理论研究

第一节 新闻学面临的挑战

新闻学教育变革的呼声一直存在，最近十年尤其突出，除去新媒体技术变革带来的冲击外，新闻学学科体系、学术体系、话语体系面临的挑战是根本原因。诞生于工业文明的新闻学必须呼应后工业文明社会和信息社会的需求，创新学科体系、学术体系，从根本上实现新闻教育变革。

新闻学的诞生、发展是新闻教育的基础。新闻教育面临变革压力，并不是依靠调整课程设置和人才培养实践方向能彻底解决的，其根本在于新闻学学术体系和知识体系所面临的挑战。勇敢直面新闻学自身挑战，彻底梳理工业文明背景下百余年来新闻学知识体系的内容和逻辑，更新知识体系，构建后工业文明的新闻学知识体系，不仅符合社会发展需要，而且能够为低迷的传统媒体提供解决问题的思路和努力方向，进而修正新闻教育变革的逻辑起点，搭建未来新闻传播的知识框架，从内部壮大新闻学学科体系、学术体系和话语体系，这是实现新闻教育变革的希望所在。

一、新闻教育改革的历史与指向

虽然新闻学从海外传来，但自新闻学引入中国，就显示出西方遗传基因和中国后天实践相融合的特色，包括对新闻学的批评之声也是如此。自 19 世纪末 20 世纪初以来，西方社会流行的"新闻无学论"在国内一直有拥趸者，时隐时现几十年。中华人民共和国成立后，为确立符合社会主义建设需要的新闻教育事业，高等教育中的新闻学屡次改革。20 世纪 50 年代初，在向苏联学习的热潮中，中国新闻高等教育一度完全按苏联模式进行。1956 年在新闻界学习苏联受到挫折后，《人民日报》首先进行了改革，加强对报纸的舆论监督，加强服务人民的内容。20 世纪 80 年代中后期，随着传播学的引入和兴起，新闻学科似乎找到了强有力的盟友和伙伴，新闻学和传播学捆绑在一起共同发展，繁荣一时。

最新一轮关于新闻教育改革的呼声发出已有十多年的时间，最近由于清华大学新闻与传播学院本科教育调整而局部爆发。一方面，新媒体发展带来的各种冲击，让新闻教育积极调整人才培养方向，适应社会需求。2019 年，我国新闻本科专业布点中的网络新媒体专业共计 246 个，比 2018 年增加了 106 个，这一数字创下本科专业设置历史上的最大增量。另一方面，报纸、电视等传统媒体生存状态日益艰难，具有新闻学专业背景的毕业生就业压力明显传导到新闻教育机构。有学者甚至用"情绪焦虑"来形容当下的新闻学界。

数据显示，《新闻与传播研究》《国际新闻界》《新闻大学》《现代传播》四大期刊自 2015 年以来每年发表探讨新闻教育改革的文章近 20 篇，每年每份期刊发表 4～5 篇。文章指向本科阶段以报纸等传统媒体为主的教育模式，讨论内容大到如何在新技术、新媒介发展背景下，重新定位新闻人才培养目标，在夯实、提升文史哲等人才基础素质和追逐最新传播技术技能两个方向上如何分配力量、如何侧重取舍；小到基础课程和专业课程如何调整结构配比，核心课程到底落实到哪几门，马克思主义新闻观课程内容设置、新媒体技术课是否要加入算法编程内容，等等。最近几年关于学科建设、教学改革方面的学术研讨会越开越多，题目越来越细，来自业界的批评之声也常见诸文端。

新闻教育变革指向三个层面。第一，宏观理论层面。变革的方向路径和目标设定与大学教育现代化和未来人才培养模式关系密切，如何平衡人才培养"智"与"德"的关系；未来大学的人才培养是否在以下两种成熟模式之间做出必要选择——传统的知识产出和以品格养成为目标的"洪堡模式"；还是工业革命背景下，麻省理工学院式的以"契应工业社会的结构与功能之需"的学科构建和"学术资本主义"模式；抑或是向着"多层次，多边化，多节点"为特征的第三种未来模式驱动。第二，中观层面。改革的具体思考路径和方向，各种知识体系的构建和配比，课程设置，等等。到底要偏向文史哲厚重基础，以夯实新闻伦理价值和具有人文精神为导向的人才培养路径；还是培养以精通各种技术技巧，能够在进入媒体单位工作后，可以马上熟练使用各种新媒体技术为偏重的人才，因为四年时间和学分设置，无法兼顾两边，只能有所侧重。第三，微观层面。具体课程设置与多学科背景的师资队伍建设层面。比如，马克思主义新闻观课程构建与新闻专业内容的坚守、实践环节的落实，以及如何能让具有丰富业界实践经验的人才进入到高校体系，并制定符合他们的考核体系，如何吸纳更多工科背景的人才加盟新闻学科。实际上，这三个层面互相影响，互有牵连，不能割裂分离。解决之道，不外乎是优化课程结构，加强实践，丰富不同专业和经历的师资队伍，充实其他与新闻相关的跨学科知识体系，等等。这些改革措施都在实施，有业界经历的教师加盟了，计算机、统计学、心理学等工科背景的专家加盟了，实习实践的学分上来了，马克思主义新闻观的课程普遍开设了，但焦虑的情绪却依然在学界弥漫，甚至学生也充满迷惑。

不解决新闻学整体的学科挑战，新闻高等教育和新闻人才培养还会继续陷入盲人摸象的迷茫中。

二、新闻学挑战的外部因素

作为一门学科，从1918年北京大学设立"新闻学研究会"开始，新闻学在中国已有百余年历史。百余年间，新闻学作为重要的专业方向大约持续了70多年。民国时期，曾出现过公关和广播方向，一些学校也开设过广告课程，但都是从属地位。1949年至1959年，中国新闻教育调整发展，不少高校建立了新闻系，1959年9月，北京广播学院创立，整体教育依然没有脱离新闻学核心的知识框架和体系。1983年以后，一些新专业陆续出现，新闻学科体系建设开始出现，如中国人民大学新闻系设立新闻、新闻摄影、广播电视、新闻事业管理4个专业；复旦大学新闻系设立新闻、国际新闻、广播电视3个专业；厦门大学新闻系设立国际新闻、广告、广播电视3个专业。1987年，原国家教委将专业设置纳入国家统一管理。1998年，教育部重新修订本科专业目录时，在新闻传播学类下面设新闻学、广播电视新闻学、广告学和编辑出版学4个专业方向；同年国务院学位委员会在修订的研究生学位授予点专业目录中，在新闻传播学类下面设新闻学和传播学两个专业方向，后来本科阶段又加上网络媒体新闻学、数字出版等专业。

之后的20多年，中国新闻传播教育进入大发展阶段。截至2019年，全国新闻传播学专业类本科专业布点1352个，721所高校开设了新闻传播学类本科专业。按数量排序如下：广告学368个，新闻学专业点336个，网络与新媒体 246 个，广播电视学 230 个，传播学 80 个，编辑出版 71 个，数字出版 19 个，时尚传播 1 个，国际新闻与传播 1 个。相较 2018 年专业布点一共增加 108 个，其中网络与新媒体专业增加了 106 个，新闻学增加了 10 个，传播学增加了 9 个，广告等传统专业均有所降低。

一直是新闻传播学核心的"新闻学"方向，在全国新闻传播学本科专业布点中比重不足 25%。从总量上看，其在近 30 年发展也比较缓慢。新闻学开疆拓土、开枝散叶的同时，原来的核心知识建设被弱化了。在增加了学科专业方向后，新闻教育的"去新闻化"现象开始出现，并越来越严重。"传播、广告、公关、营销、舆情、设计等学科对新闻学的强势侵入，越来越稀释着新闻学作为一门学科的合法性。"上文提到的 2019 年本科教学专业布点中，广告学以 368 个占第一位，占总量的 27%。究其原因，新媒体和广告专业暴增背后，可能都是国内平台公司的兴起。阿里、腾讯、美团、滴滴、头条，本质上他们的盈利模式是流量变现，从聚集流量到贩卖流量，都需要广告人员的参与。即便是传统新闻机构，现在也是流量至上，有意识的主体都会配上运营人员，运营本质上其实就是广告营销。

除了广告学之外，传播学甚至互联网数字新闻学的快速发展，在繁荣丰富新闻学的同时，对新闻学内在核心价值造成了严重的隐秘侵蚀。"传播、广告、公关、营销、舆情、设计等学科虽与新闻有一定的相关性，但从学科本质上看，这些学科与新闻学追求的目标不一致"，与新闻学相比，"属于价值迥异的异质学科……都带着某种力量控制新闻的特征"。不仅广告、公关等在职业价值取向、产品生产流程、知识基础与结构上，与传统新闻学不一致，哪怕是互联网数字新闻学，似乎是新闻学在新技术环境下的新发展，但其越来越明显的平台媒体特征和发展方向，在其最重要的创新环节——新闻重要性的算法选择和新闻分发的算法推送方面，工具价值也让位于理性价值，这和传统新闻学相去甚远。甚至现在互联网新闻学的核心价值——算法，某种程度上更类似于当年"黄色新闻潮"价值取向的技术升级版。至少在目前，治理算法所带来的工具价值观流行、操纵传播等弊病的"传播理性"，尚未在互联网新闻领域获得应有的重视。

传播学引入中国后，与新闻学合并发展，解决了新闻学理论不足的问题。但实际上，传播学一开始就缺乏在中国落地的土壤，多年来未脱离对西方传播学介绍、阐释和证明的状态，传播学如何落地中国并深度关照中国现实一直是该学科的尴尬之处。在西方早有学者看到传播学从内部威胁新闻学的合法性存在，"二战以后传播学的发展使新闻学的存在受到威胁。传播的发展来源于新闻教育内部的压力，连传播学的创始人都深深明了这对新闻学构成的威胁。诺波特维诺在他预言性质的小册子《人类对人类的利用》中，承认传播学科就是对一切进行控制的学科，存在与否都对一些文化的主要推动力、最具人文价值的因素构成威胁。新兴的传播学科至少看起来具有象征意义也充满希望地融入新闻教育，但是结果并不好"。

除学界外，新闻传播学的学生对此也有类似看法。"新闻教育最基础的应该是新闻理论、新闻史、新闻伦理，这些在我们学科的教育中反而越来越被忽视；对新闻界的发展大趋势不够重视，反而沉浸在非常狭窄的研究里，做一些琐碎的、细枝末节的研究，内卷化越来越严重，以传播学为甚。新闻传播学的研究陷入在琐碎之中，自己内部自嗨，对其他学科，对社会意义不大。"而这一点哥伦比亚大学新闻学教授也早有议论，"人文科学对新闻学没有多大兴趣，实际上他们以新闻学为耻"。

当然，传媒技术的发展对新闻教育冲击是最直接的。2012 年 8 月底，美国六大基金会给各大学校长致公开信，强调在数字时代，新闻教育应像医学院课程教学一样，不仅有基础研究的教授学者，更应该有医师负责临床教学，新闻学教育应"聘请资深记者担任教授，理论与实务并进"，在专业知识、数字技能和深度报道、协作报道能力上有重要提升，并以很难"再从关心新闻界未来发展的基金会获得经济资助"为警告。这种冲击在中国本土则直接体现在毕业生的就业前景和用人单位的满意度上。

三、新闻学挑战的内部因素

和其他诞生于农业文明社会（甚至之前的采集狩猎时代）的哲学社会科学不同——比如哲学、历史、文学等，新闻学是工业文明的产物，带有工业文明的印记，它不直接以社会和个体的精神个性品德养成为目的，而是和现实世界关系紧密。相较于前者，新闻学理论体系简单明了，没有深刻的思辨和论证过程，学术底蕴不足，更多的是类似职业伦理和行业产品规范的阐述。和新闻有关的核心概念、理论体系——诸如新闻伦理法规、新闻价值要素等，带有显著的工业时代的痕迹。1851年，雷蒙德创办《纽约时报》时宣称将永远站在道德、工业、教育和宗教的立场上，报道世界各地的新闻，并认为这是最好的新闻。普利策在1912年捐建哥伦比亚大学新闻学院的时候，提出新闻教育是传授给未来记者关于"政治、文学、政府和宪法原则"的知识。新闻在工业文明社会中，发挥着重要作用，对政治、经济、文化影响巨大。

人类进入了后工业文明时代，信息社会的特征越来越明显，工业化时代的新闻行业核心伦理存在的社会基础已经发生了重大的变化，在新闻液态化的背景下，我们如何来构建新的新闻学，培养适应信息时代的新闻人才，这将是一个长时间段的探索过程。如果不能够从根本上去理解新闻业所面临的挑战，从根基重塑新闻学科的内涵和价值，新闻学以及新闻教育、人才培养都摆脱不了这一危机。调整安排几门新课，跨学科建立几个创新实验班，引进其他学科的专家学者，并不能解决新闻教育面临的"百年未有之大变局"，只能是权宜之计。这也是为什么在跨学科教学、新工科建设陆续介入新闻教育后，依然没有从根本上解决问题。新闻专业讲授的理论和方法不够用，学生需借力其他专业，但又常常理解得不是很到位，用起来容易像生拉硬扯。从学科来说，因为太多学科的引入，或是各种各样的反思，新闻传播学本身很容易丧失主体性，反而在众多的研究方法以及与其他学科的竞争之中迷失了自我。同样的尴尬也出现在美国，虽然新闻教育工作者认为新闻专业知识的教育和学位获得对于新闻从业者非常重要，但在新闻从业者，尤其是新闻单位的高层管理者看来，新闻专业的学位并没有那么重要。

不过从工业文明到信息文明的社会转型中，依然有一些东西会被保留下来。人类的历史就是一个"扬弃"的历史，而不是断代，在"扬弃"的过程中，我们要知道什么应该被继承下来，新闻学也一样。新闻存在的价值和意义到底是什么？在工业社会，新闻要去寻找有价值的信息来提供给信息匮乏的人们；而信息时代，新闻依然要寻找有价值的信息，提供给处于信息垃圾中的人们——不论处于信息匮乏或是信息垃圾中，人们都处于信息的营养匮乏状态。让他们在大量的垃圾当中能够节约时间、体力、目力、脑力而获得优质的信息，这是一种职业的能力。对新闻学自身来说，职业的能力也塑造了她高贵的品格，即"以超利益的社会公益性为自我认同""新闻与媒体脱钩、新闻与民主勾连"。潘忠党谈到，凯里反对新闻的传播化，因为将新闻等同于信息的传递，就是扼杀新闻应有的灵魂。李欧梵显然也读到了这一点：新闻变成传媒后，已经失去了它原有的存在理由；它已经不再探讨人的社会实践，而变成了另一种哗众取宠的商品。

新闻学需要坚守的部分是坚定维护学科的主体性和核心功能价值。在中国大学本科教育中，史、论、业务是三大核心。在设有新闻传播学的双一流院校中，基本保持了对新闻核心能力的坚守，包括新闻史论方面基础而系统的知识，新闻敏感性和准确判断能力，信息获取甄别和分析能力，新闻伦理、新闻采写编评的能力，等等。在内容和技术方面坚持内容为主、技术为辅；坚持在技术发展的环境下，继续培养学生的深厚人文底蕴，敏锐的新闻获取和准确表达的能力，对技术有快速学习的能力。内容为王的教育理念在中国主流新闻教育院校基本占统治地位。

因此，表面上看是互联网等新媒体的兴起、技术迅速发展导致新闻教育的焦虑，但这只是外在的因素，新闻学科内在的发展演变则是被忽略的因素。新闻学面临的挑战和新闻教育改革并不仅仅是互联网技术进步变革导致的结果，从根本上讲，是人类社会进入到信息时代的必然变化，是后工业文明信息时代要求的大学知识体系整体变化中的一个部分。新闻学作为和实践紧密联系的学科，其变革呼声越来越高。

最近笔者读到一篇新媒体内部如何运作的文章，从细节可以看出我们目前以传统媒体为基础的业务课程知识体系与新媒体业务知识体系之间的差距。杂志《凤凰周刊》成功转型为公众号"凤凰weekly"，它的编辑总结了三点关于成功运营公众号类文章的经验，具体如下：

一是"七日后"的打法，二是周六发稿更安全，三是绝不踩线，控制好节奏与角度。"七日后"的打法指的是，每有超级大热点，全网各种文章会瞬间铺开，我们非常难出头，所以不一定非要第一时间去跟。"周末发稿"是一个传统的讨巧打法，因为竞争不激烈。而"绝不踩线，控制好节奏与角度"主要是面对敏感话题时，要分析问题，要反思，要总结。这时候，需要依靠长期的经验，去判断红线大约在何处，这方面是我们传统媒体的强项。

同样，分发环节也成了重要的创新领域：

文字内容也经历了极大的挑战，虽说图文报道不会消失，但是被边缘化、被视频抢走大块头流量怕是很难避免。现在，微信图文其实是在跟抖音竞争，跟电视剧竞争，跟网络小说竞争。以前我们发布一篇文章，第一天晚上只要超过 2.5 万阅读量，两天后基本能达到 10 万以上的阅读量，现在第一天的阅读量至少要到 6 万，才能保证这篇文章能够达到 10 万以上的阅读量。一方面，读者分享愿望越来越低，导致流量长尾衰减相当严重；另一方面，微信的频繁改版让公众号的实际运作受到影响，读者的阅读习惯被反复打乱、干扰，阅读兴趣也随之下降。

这样的总结很难出现在主流新闻教育课程中，但这样的内容恰恰是目前学生们所喜欢和追捧的。新闻学和新闻教育该接受这样的"知识"吗？

马克思·韦伯的一句话虽然不是非常契合新闻学教育的本质，但从根本说出了大学教育的特点，具有一定的启发性："各位同学！你们带着这些对领袖的要求，来到我们的课堂上，你们没有事先告诉自己，在 100 名教授中间，至少有 99 名，不但不是这个生活赛场上的教练，也不应当要求成为这样的教练，他们不能要求做行动领域的'领袖'。"

第二节 逻辑学在新闻学中的体现

逻辑学是研究思维的科学，任何学科都离不开思维的过程，新闻学也不例外。通过学习逻辑学，可以使新闻的概念明确，作出更合理的判断与推理。本节主要论述逻辑学在新闻学中的体现。

一、推理在新闻中的体现

逻辑学的核心内容即为推理，其主要内容在于运用逻辑规律和逻辑规则作出正确的推理，得出正确的结论。推理分为演绎推理与非演绎推理，演绎推理又分为简单命题推理和复合命题推理；非演绎推理又分为归纳推理和类比推理。新闻与文学作品不同，相对于一般意义上的文学作品，新闻的内容被要求更加严谨真实。

在新闻学中，新闻的重要特性是新闻的真实性，它指的是在新闻报道中的每一个具体事实必须符合客观实际；同时，新闻整体也必须符合客观事实。这也与逻辑学中联言命题真假的要求一致：一个联言命题的真假，归根到底取决于它的各个联言肢是否同时都是真的。

互联网时代，信息爆炸，为了更好地抓人眼球，拼凑假新闻、一篇报道中真假参半的现象时有发生。

以下面这则刊载于《南国都市报》（数字版）的新闻为例：2015 年 1 月，湖南长沙常先生称，上幼儿园的小外甥前两天和同学打架，咬伤对方，对方的奶奶竟然剪掉了小外甥的 4 颗门牙。然而事情的真相是：1 月 20 日，根据长沙市公安局出具的情况说明，结合证人证言和长沙市口腔医院 1 月 12 日门诊病历和口腔照片，该男童患有慢性根尖周炎，不符合牙齿外伤性折断改变。且经长沙市口腔医院证实，男童并非被人为剪掉牙齿。

上述假新闻中能有一定可信度是因为采编了部分真实的时间、地点与发生矛盾的人物，但并没有听取多方的声音，如该男童的同学及其奶奶的说法。这就是拼凑假新闻的典型手段：移花接木、半真半假。然而新闻报道要求绝对的真实，但凡有一丝假内容，通篇便丧失了可信度。

二、集合概念在新闻中的体现

集合概念广泛应用于各个学科，其定义为以事物的群体为反映对象的概念。新闻学作为一门学科，对不同内容的不同方面进行合理的划分、分类是新闻工作者必不可少的工作。

厘清不同内容在不同方面的分类，一定程度上能保障不同新闻的专业性。将新闻严格分类，并不是僵硬死板地将新闻内容与特性围困在某个特定的集合里。之所以强调新闻的集合概念，是防止新闻报道不强调本类内容的采编，而侵占隐私导致新闻丧失专业性。

以娱乐新闻为例，尽管娱乐新闻现在看来并不具有严格意义上的"专业性"，但是娱乐新闻中的逾矩现象尤为严重。娱乐新闻日益占据新闻报道的大幅版面，为观众和读者提供公众人物的花边新闻以供消遣。部分曾经体面的专职娱乐记者被冠以"狗仔"恶名，已不是咄咄怪事。其实归根结底，在整个市场经济的大环境下，各行业都有的趋利心理在新闻行业表现得尤为明显——关注更吸引人眼球的公众人物，撰写更有所谓"爆点"、更容易成为民众茶余饭后谈资的新闻，夸大事实增加销量获取利润。当舆论的关注点聚焦于假、虚、空，信息受众将会被此类信息包围，影响其对外界真实的认知。

在对新闻事件的关注中，广大的受众起到了决定性的作用。消费才是生产的最终目的，观众的喜好甚至决定娱乐新闻的走向。为迎合观众的喜好，娱记才会孜孜不倦地对公众人物的私生活进行挖掘。由此观之，部分观众俨然成为引领社会关注点低俗化的始作俑者。

也许是工作的繁忙使得关注新闻的时间碎片化，也许是各种生活压力的逼迫使得关注点娱乐通俗化，观众的关注点具有二重性，既十分零散，也趋向单一，零散表现为时间的零散碎片，单一表现为视角的单一。简而言之，观众只关注看似有趣的新闻。不能否认，娱乐新闻让人轻松愉快，不能强求在观众观看娱乐新闻的时候心系国家民族存亡大事，但是一味地追求有趣新奇，将对真正有思想深度的新闻报道造成致命打击。综上所述，提高观众素质，培养其多元视角是社会的一大重任。

娱乐新闻中的公众人物，具体包括艺人、作家、运动员等。无论是刻意炒作，还是无意中被曝光，其行为举止总是牵动着大众的心与眼。一方面当自身做得足够好时可以获得良好的声誉，名利双收；另一方面，当做的不好时，可以受到我们的监督，迫于舆论压力，改正自己的不足。与此同时，体育新闻娱乐化、政治新闻恶搞化也同样破坏了集合概念对于新闻学的约束。

三、普通逻辑的基本规律在新闻中的体现

普通逻辑的基本规律有同一律、矛盾律、排中律。同一律要求每一个思想在同一思维过程中都是同真同假；矛盾律要求思想前后一致，不相互矛盾；排中律要求任何两个互相否定的思想不能同假，必有一真，它们密切联系，同时又互相区别。其应用在新闻领域，则表现为新闻报道不做标题党，表明观点的同时，它的观点和态度不能前后矛盾，要始终保持一致。

以下面一则发布于搜狐网的新闻报道为例：2017 年 4 月 7 日，河南省

夏邑县一名 71 岁的男子谢某某因涉嫌猥亵被当地行政拘留。据报道，谢某为当地的一个流动摊点摊主，事发当天对前来买零食的两个小女孩以亲吻、搂抱的方式进行猥亵。所幸周围群众及时报警，两个女孩的身体没有受到伤害。

本则新闻的态度很鲜明，没有暧昧不清的时间、地点与态度，给了观众很好的引导，当看到这一则新闻时，观众会容易更加深入地思考新闻的前因后果与新闻所带来的社会影响——她们足够幸运，可以得到围观群众的热心帮助；可她们也何其悲哀，未真正进入社会就已经被人的险恶上了刻骨铭心的一课。三观的崩塌比之肉体上的侵犯更加恐怖，幼年时期，父母告诫尊老爱幼，要善待老人，与人为善；教师的话及书本也大多展现老人慈祥、善良、勤劳和弱势的一面。而经此一事，女孩惊魂未定之时，脑中恐怕也会对所受的教育产生怀疑，对陌生的老人心生畏惧。这种畏惧，甚至可能是伴随其一生的阴影。观众看到这一则报道时，则会产生诸多思考，不会因报道模糊不清、观点不鲜明而有颇多微词与争论。

逻辑学是一门基础学科，渗透在新闻学的方方面面。遵循逻辑学规律，将会给新闻从业者带来许多思维上的妙处——学习逻辑学，有利于新闻工作者正确认识事物、正确表达思想，揭露谬误、驳斥诡辩并发挥新闻工作的前瞻性。

第三节 新闻学的发展方向

随着时代的飞速发展，经过近百年历史积淀的新闻学逐步发展为支撑教育系统的重要学科。但发展的道路千难万险，在新媒体百花齐放的今天，新闻学面临着改革优化的关键抉择。因此，本节将就制约新闻学发展的因素，以及未来新闻学的发展方向进行探讨。

新闻学在我国教育体系中是一门极为重要的学科，其主要研究内容是新闻及相关活动，包含新闻的采编、新闻的传播以及新闻事业的发展道路等。新闻的主要目的是引领社会舆论走向，让人民群众能够处于一个健康的舆论环境下。随着时代的发展，各类新媒体交替涌现，给新闻学带来了不小的冲击。因此，应当找到制约新闻学发展的因素，根据自身情况探索出符合自身特点的发展方向。

一、制约新闻学发展的因素

（一）新闻学体系不够完善

当前新闻学虽然与其他学科相比具有独特性，但在研究方法上大多借用了其他学科的研究方法，未能建立自身的研究体系，不利于新闻学的发展。同时，新闻学的核心理论尚不成熟，缺少科学独立的理论结构，整个体系不够完善。当前社会倡导言论自由，在新闻学术界，对于某些具有争议的议题新闻学缺少话语权，无法做出最终决策。比如，当前各类新媒体百花齐放，社会舆论对于新闻学发展方向的讨论五花八门，对新闻学来说影响较大。新闻学本身不能够根据自身情况确定合适的发展方向，这与新闻学体系不够完善有着很大的关系。

（二）新闻学对新闻深度认知不足，人才教学方法需要进行革新

前文提到，新闻学的作用是引导社会舆论走向，监督新闻舆论工作。但目前新闻学在对社会热点新闻所提出的见解不够独到，挖掘得还不够深入，未能准确抓住问题的关键所在继而提出具有批判性、建设性的指导意见。比如，在针对当前热点话题"996"工作时间的讨论中，新闻学工作者往往局限于对工作时间提出建议，不能够深入挖掘工作时间对人民群众的影响，继而无法合理引导社会舆论走向。另外，新闻学对于培养新闻人才的教学方式缺少创新性，无法跟上时代的迅速发展。当前各类新媒体层出不穷，出现了一些通过虚拟现实技术来采编新闻、通过无人机来采编新闻的新型模式。但新闻学未能与时俱进，依旧沿用传统的新闻写评、编辑的教学模式，无法跟上时代，让学生无法学习到先进的新闻技术，在学生就业时与其余较为专业的学生相比存在着竞争力不足的情况。

（三）新闻学自身影响力不足

由于新闻学主要研究方向是新闻事业，在研究过程中一般会与其他学科的特点诸如历史人文、地理环境等产生交集，可以说新闻学受其他学科的影响较大。相比之下，新闻学给其他学科带来的影响就稍显不足。由于新闻学自身体系不够完善，其核心理论尚不成熟，其他学科能够从新闻学学习的内容不多，故而自身影响力日益下降。这将严重影响新闻学在教育体系中的地位，不利于专业新闻人才的吸纳和培养。

二、新闻学的发展方向探析

（一）构建健全的新闻学体系

当前，新闻学应当根据时代特点，并结合其他学科的研究方法，建立适合自身发展的研究体系。新闻学的研究主要是针对新闻事业，故而研究体系应当从新闻采编方式、新闻传播方式等方面进行构建，同时建立成熟的核心理论，构建科学独立的理论结构，让新闻学在发展道路上有强有力的理论保障。此外，在新闻话语体系中，要加大新闻学对社会舆论引导的强度，让新闻学能够合理引导社会舆论走向，从而构建完善的新闻学话语体系。

（二）深入挖掘新闻内涵，革新人才教学方法

新闻学在对热点事件进行舆论指导时，不能仅仅流于事件表面，要深入挖掘其内涵，找到该事件对人民群众的价值。同时与时俱进，在人才教学方面根据时代发展特点改善教学方式，借助新媒体给学生带来的新型学习环境，让学生深刻理解新闻学的发展方向。另外要为学生提供符合时代特点的新闻实践，创新新闻学教育理念，让学生能够紧跟时代步伐，在新闻事业中占据重要的位置。

（三）提升新闻学自身影响力

提升新闻学自身影响力，其主要方法在于建立合理的舆论指导导向，让群众能够意识到新闻学的重要性。在面对时事热点时，要让群众能够站在新闻学的角度看待事件，了解其内涵，从而推动社会发展。同时要建立成熟的核心理论，让其他学科能够从自身借鉴相关优点，继而提升新闻学自身的影响力。

各类新媒体百花齐放，新闻学面临着巨大的冲击。为了良好的发展，新

闻学必须要跟上时代步伐，结合时代发展的特点找出自我改革的方向。新闻学历史悠久，要想站稳脚跟，就要完善新闻学体系，革新人才教学方法，提升新闻学自身的影响力，这样新闻学才不至于被淹没在时代发展的大潮中。

第四节 新闻学失去新闻基因的致命危机

"新闻无学"的争议一直像魔咒一样困扰着新闻学，新闻学界不得不隔段时间就为这个命题做种种辩护，足以显现这一学科"合法性地位"的紧张。唐远清博士将形形色色的"新闻无学论"梳理归纳为不同语境下的20种代表性观点，并概括为"非科学论""非理论科学论""无学论""不独立论""传播学化论""无用学问论""浅学论""失范论"等"八论"。"无学论"如影随形，一直在挑战着新闻学作为一门学科的合法性，影响着新闻学研究者的自信，也影响着新闻系学生在找工作和面对其他专业竞争时的心态。曾引发舆论场戏仿狂欢的"最好别报体"就是从"最好别报新闻系"的新闻开始的。

从争论来看，虽然意见不一，但还是有基本共识的："新闻无学"并非一个真问题，而是一种情绪和焦虑。新闻当然是有学的，事实上新闻传播学是国家认定的一级学科，有庞大的研究群体，形成了成熟的新闻教育体系，每年培养大批新闻从业人员。真问题在于，这个学科先天发育不足，后天又营养不良，本就缺乏坚硬学问内核的新闻学，近年来又遭遇了不断被稀释的困境，加剧了"有术无学"的危机。来自新闻界之外针对"无学"的批评，不足为惧，可怕的是来自新闻学内部的被稀释，这种稀释如果不被遏止，可能会蛀空新闻学本就脆弱的学科基础，使新闻学成为一具空心的躯壳。本节从几方面谈新闻学在近年来遭遇的"去新闻化"危机，以及所面临的失去新闻基因的危险。

一、徒有新闻躯壳的新媒体稀释着新闻基因

近几年是传播格局大变革的时代，新媒体以其商业的成功和对传播领域的占领，似乎已经取代传统媒体而成为媒体的"形象代言人"。这个时代，当人们谈起媒体时，似乎谈论和指向的都是新媒体。

新闻学失去传统的新闻基因，正是在新媒体对传统媒体反客为主、权力转移的过程中发生的。为什么呢？因为新媒体本身是"去新闻化"的传播媒介，虽然也叫媒体，但在中国，新媒体并不像传统媒体那样生产新闻，而只是一个新闻信息的内容聚合和传播平台。在我们的新闻管理体制中，除了体制内主流媒体的新媒体，其他多数新媒体并没有新闻采编权，不像传统媒体的记者那样可以在新闻一线进行采编。这些新媒体的内容生产主要集中于从传统媒体转载、低附加值的二次加工和自媒体化的创作，与传统教科书所定义的"新闻"离得很远——远离新闻现场，远离新闻生产，远离新闻的经典定义。

就拿一些身上镀着新媒体"光环"的新媒体"偶像"来说，无论是咪蒙，还是罗振宇、吴晓波、六神磊磊、秦朔，抑或是其他成功变现的新媒体暴发户——虽然一些人是从传统媒体精英转型而来，但他们在新媒体平台没有一个是做新闻的，没有一个做跟新闻生产相关的事，都是在"编故事、卖故事"，卖毒鸡汤故事、金庸故事、财经故事、读书故事，新闻很少，故事太

多。新闻是对客观事实的报道，而故事是文学虚构和焦虑生产，新闻基因就这样被贩卖的焦虑和编造的故事所稀释。新媒体的金钱变现神话、"10万+"迷思和消费主义狂欢，掩盖着专业精神退场和新闻苍白无力的现实。

新技术层出不穷，媒介空前繁荣，新闻却在衰弱，所谓自媒体、泛媒体、融媒体，披着新闻躯壳的新媒体，以"媒体"之名转着传统新闻的基因。麦克卢汉说，媒介是人的延伸。但是媒介借着新技术无限扩张，新闻生产、新闻精神和新闻信仰却未能同步扩张。一边是新媒体帝国的扩张，一边是"新闻王国"的空间缩窄，新闻学基因就这么被稀释。

二、传播、宣传、舆情、公关专业的挤压

美国哥伦比亚大学新闻学院凯里教授的《新闻教育错在哪里》一文不仅在美国新闻学界引发广泛影响，因为触及了中国新闻教育的痛点，译文在《国际新闻界》刊出后也引发一场讨论。郑保卫、潘忠党等都结合中国问题进行了进一步阐释。凯里此文谈到新闻教育必须遵守 3 条原则，尤其第一个原则赢得新闻学研究者的共鸣：新闻学和新闻教育不等同于或包含广告、传播、媒体研究、公共关系和广播。新闻学是一门独特的社会实践学科，在特定的历史时期诞生，因此不能与其他相关但彼此独立的社会实践学科相混淆。新闻学必须在教育和实践中与其他学科区分开。新闻教育必须将新闻学本身作为目标。

凯里主要针对的是美国新闻教育问题，可中国的新闻教育在"去新闻化"上比美国还严重。传播、广告、公关、营销、舆情、设计等学科对新闻学的强势侵入，不断地稀释着新闻学作为一门学科的合法性。这种稀释，可以从各大新闻院校的名称变更看出来。除了中国人民大学、复旦大学这些新闻学

传统悠久的院校还保持着"新闻学院"的纯正名称，多数高校都或追赶时髦、或扩张地盘、或折衷妥协、或迎合就业，在"扩系建院"中热衷在"新闻"上嫁接各种组合，使新闻学不再纯粹。改个名字倒没什么，问题是新闻学基因在混杂太多异质学科的过程中被转掉了，新闻学核心面临着被严重稀释的危机。

传播、广告、公关、营销、舆情、设计等学科虽与新闻有一定的相关性，但从学科本质上看，这些学科与新闻学追求的目标不一致，属于价值迥异的异质学科。比如传播、公关与舆情，都带着某种力量控制新闻的特征。杜骏飞教授认为，新闻学区分于应用传播学的理由或许有很多条，其中至少有一条是颠扑不破的：没有哪个应用传播业分支在学统上如新闻业那样，以超利益的社会公益性为自我认同。纽约大学新闻与大众传播系 Jay Rosen 教授将凯里三原则总结为"新闻与媒体脱钩、新闻与民主勾连"，切中了文章的核心，迈克尔·舒德森在《为什么民主需要不可爱的新闻界》中也支持这一观点。潘忠党谈到，凯里反对新闻的传播化，因为将新闻等同于信息的传递，就是扼杀新闻应有的灵魂。李欧梵显然也读到了这一点：新闻变成传媒后，已经失去了它原有的存在理由；它已经不再是探讨人的社会实践，而变成了另一种哗众取宠的商品。

关于"凯里忧思"的中国讨论发生在 2002 年，至今已有 19 年，遗憾的是，这个讨论并没有引起新闻教育者的重视。这 19 年正是中国新闻学进一步被异质学科稀释的 19 年。传统的新闻学在各大新闻院系越来越边缘化，广告、公关、传播等因为就业前景更好而获得更高的地位。因为新闻学是一门实践学科，不像传播学看起来那么有"学问"，投入新闻学研究的资源和人才越来越少。加上缺乏实践人才的补充，实务教育人才断层，一些新闻院系甚至开不出完整的采写编评课程，只能让刚毕业不久的博士讲新闻采写课。博士没采写经验讲不好，学生也无感，使新闻教育失去传统基因而离新闻越来越远，加剧着"新闻无学"的感觉。

当新闻系的学生在接受新闻教育过程中使自己的知识结构过多地与广告、舆情、宣传、传播、公关联系在一起时，上一节课老师讲"新闻要追求真相"，下一节课讲"对付记者的若干技巧"——在新闻传播学的左右手互搏之下，新闻理想、专业追求和职业认知便不再纯粹。比如，对很多过去看来是侵蚀新闻品质的行为变得无感，失去新闻原则。

三、新闻业吸纳精英的能力越来越弱

精英吸纳能力是评价一个专业和学科的核心标准，这正是最让人感到忧心之处，新闻业似乎正失去吸纳社会精英人才的能力。媒体报道过，某地文科状元对新闻感兴趣，想报考新闻专业，但遭到记者泼冷水式的现身说法：最好别报新闻系。

据统计，2017 年各省高考状元的专业报考最终流向，文科状元基本上流向了经济、管理、金融、法学、中文、元培学院、新雅书院，没有一个选择新闻。当然，高考状元的选择未必就完全代表着精英的选择，但能说明一定的问题。

更让人忧虑的是，学了四年新闻后，很多最优秀的学生没有走向新闻业。一个新闻学教授曾说，他痛心的是，他看好的很多学生，毕业时都没有选择去媒体，而是去了投行，或者出国留学读其他专业。他有两个学生，央视已经要他们了，可最终一个选择了某部委，一个选择了某国企。他本想劝劝他们，可一听到这些单位能分到房子，他就没法开口劝说了。

最好的学生不选择新闻专业，毕业时最优秀的人才又不选择从事新闻业，精英吸纳能力的弱化，像温水煮青蛙一样，使一个学科的基础不断被侵蚀。

四、中坚流失和实践教育生态的破坏

传统媒体这几年流失了不少人才，不是这个总编辞职了，就是那个总监创业了。前几年哪个媒体精英走了，网上还会叹息几句，但如今媒体精英离职好像已经很难成为新闻了。

骨干和中坚的流失，不只是让传统媒体元气大伤，更重要的是新闻教育的实践生态因为频繁的人才流失而被破坏，新闻教育生态也因为人才流失而出现"沙漠化危机"。

跟其他专业不一样，新闻有着很强的实践性，新闻教育一直强调"在做中学"。所以，新闻教育绝不只是学院学界教育主导的新闻教育，很大程度上是在媒体实践中完成的，以老记者带新记者、老编辑带新编辑、名记者带新秀等师傅带学徒的形式，完成学院中没有完成的新闻教育。新闻业有很多"缄默知识"，沉淀在名记者的经验中，带着浓厚的个人性、随意性、行动性、神秘性和偶然性，无法总结为原则和规律，只能跟着他做新闻，听他日常讲故事，在手把手地传承中去领悟。这种独特的教育方式，体现着新闻专业的特点。新闻学，起码有一大半学问，沉淀在这些名记者、名编辑、名评论员身上，而不是在新闻学院的教授那里。

这种专业传承和教育方式的一个前提是，需要一批有着丰富采编经验的中坚和骨干，他们承担着"带徒弟"的职责，一方面是一家媒体风格和气质的压舱石，一方面是熏陶新人气质、完成传帮带任务的老师傅，这是教育生态的关键。可当下最大的问题就出在这里，一家媒体单位的精神灵魂、骨干和中坚力量离开，带走的不仅是媒体的精气神儿，还有新闻学知识。

10 多年前，到一家媒体实习，带实习生的往往都是有十几年经验的老记者。可近些年带实习生的记者已经越来越年轻化，有的才到报社工作一两年，就开始当老师带实习生了。这个现象背后的问题是，骨干和中坚很多都流失了，找不到老记者带新记者和实习生。新闻学教育在实践层面出现巨大的生态断裂，出现中间断层。

不仅是中间断层，还有后续的断层。一些优秀的年轻记者，才写了一两篇有影响力的报道，有了小小的"江湖"名气，稍有跳槽资本，就会被另一家媒体盯上，在较高收入的诱惑下毅然选择跳槽。让人惋惜的是，新人为了收入跳来跳去，没有稳定的职业环境，很难完成名记名编所需要的积累。另外，这些优秀的记者本来会成为一个单位的骨干，可过早地被"掐尖"，媒体的传承生态发生了断裂。人不稳定，新闻文化和资源就无法形成稳定的沉淀，新闻学的实践资源也会在生态破坏中不断萎缩。

第五节 新闻学话语体系构建

在研究新闻学的过程中，话语体系具有一定的关键性和重要性，目前也有很多学者对这方面有了较为深刻的研究，其与理论体系之间存在着密切的关联。目前研究者主要认为，后者是前者的基础，而前者是后者的体现，这一观点存在着一定的宏观性，但忽略了彼此之间的体系衔接层次感。为了更好地进行相关研究，需要对新闻学话语体系构建的 4 个层次有充分的认识，然后对其系统性等方面进行客观的理解，以提高对有关理论研究的综合效果。

就实际情况而言，不可否认的是新闻学中理论体系和话语体系之间存在着密切的联系，二者紧密联系同时互为表里，不过二者之间衔接点也具备着明显的特异性。在新闻学话语体系中，其自身由四个层次构建而成，主要包括了问题话语、方式话语、整合话语和理念话语几个部分，每个层次之间互相联系，具有较强的关联性，呈现一定的关联作用，环环相扣。为了有效地对其逻辑性进行客观认识，首先需要认识到几个构建层次的特点，进一步为整体话语体系的构建提供针对性的帮助和实际性的支持。

一、问题话语

在四个层次中，问题话语层次是一个相对关键的部分，可以肯定的是，新闻行业存在的实质就是为了更加突出地发挥自身的经济、政治作用，体现出相关行业和政治、经济之间的关系。在这一过程中，新闻行业不断与这些元素进行一定的交互，然后形成了新闻价值观。不管是国际还是国内，新闻价值观都因整体的社会、政治方面的差异形成了自身的特色，具备较强的特异性，故而新闻学也面临着一定的考验，所面临的问题较多，不容忽略也不容小觑。

就实际情况而言，该行业中涉及的对象较多，包括了受众群体、从业人员、管理者、内容与行业自身，这些对象本身都存在着一定的问题，虽然在问题体现方面存在着一定差异，不同问题具有不同的特点，形式也都具有特殊性，但归根结底都是规范性问题。在实际操作过程中，这一切问题都需要进行一定准确、精准的解决，找到问题原因，明确解决方法，才可以对行业与专业发展提供有针对性的实际支持。

二、方法话语

针对新闻实践中存在的一系列问题，有关人员与相关研究者都需要通过一定的措施与方法来进行针对性解决，当这一系列措施逐渐开始具备结构性和体系性，就慢慢在实践中形成了新闻学的方法话语。相关内容涉及的是行业领域所面临问题的最终有效解决方法，换言之，这也是有关行业最终定义出现问题的根本原因。在归因理论中，人们遇到问题一般都会归因于外部因素，而在取得一定的进步，或者占有一定的优势时，就会归因于内部因素。这一模式就直接让有关人员将责任归结于外部因素和一些其他群体，例如专业理论认为，新闻业独立是整体活动的核心，只有独立才有真实，才有存在感。

实际行业发展的过程中，存在、管理、结构三方面问题是主要面临问题的一部分内容，存在问题是行业为了证明自身存在合理性产生的问题，管理问题则是在生活中行业与其他元素之间的关系问题，而结构则是行业自身组成等方面的问题。在这一过程中，将个体社会或者媒体存在的问题，简单归于管理或者结构问题，是目前方法话语中最常见的不足之处。

三、整合话语

既往在传统媒体占据主流的时候，相关话语体系主要包含了问题话语、方法话语和理念话语三个层次，伴随着行业与市场的多元化发展，相关特点也发生了改变，整合话语的关键性逐渐明显起来。新媒体高度发展之后，整合操作的价值和意义就变得相对较为明显，其自身具有较强的关键性，只有通过一定的整合操作之后，才可以保障最终形成信息校正和关系校正。这一部分内容主要指的是行业共有价值与社会共有价值的话语表现，包含了事实层面整合和价值层面整合。前者在于将新闻事实呈现特点进行整合，形成动态新闻观，从而将既往实践操作进行全方位的整合。而后者主要是对价值观之间进行融合，解决新闻传播问题，这些都是整体操作过程中的要点和关键点所在，需要客观认识。这部分内容具备着一定的实际性，同时在实际操作的过程中，也符合社会发展与媒体发展、行业发展的具体要求，具有较强的特异性和特殊性，是现阶段整体的四个层次中较为关键的内容。

四、理念话语

理念话语本质意义上是行业价值观存在的问题。就实际而言，相关行业价值可以从三个角度来理解，即为新闻存在、为社会存在、为人民存在。新闻行业发展是具有独立社会一切力量的目标，其自身也具有较强理想化性质的目标；而为了社会存在，实质性仅有一种，即新闻存在就是为了社会作为一个整体而存在，目标是突出秩序和社会整合，避免出现分化或者纠纷、矛盾等问题；为人民而存在则主要是其自身服务于人民，不能将政治、经济与人民分开看待，这一系列特点也决定了相关层次的复杂性。

就实际情况而言，四个层次每一部分都具有其自身的逻辑性和特异性，但整体的体系构建是动态的，相关逻辑也就相对较为多样，往往在发展的过程中会发生一系列的改变。

如上所述，新闻学话语体系由具体到抽象可以包含四个层次，每一种话语都具备自身独特的形成逻辑，彼此之间存在着阶次性，高阶可以包括低阶，其自身的特殊性和特异性相对较为明显，需要给予正确的认识和高度的关注。

第六节 新闻学理论范式的实践导向

在中国社会整体转型与各项改革持续深化的当下，新闻事业也在不断地革新与深化。在构建和谐社会的大背景下，新闻学的理论研究呈现出与过去不同的特点。新闻学理论研究具有更加灵敏的反应、更加开阔的视野、愈发激烈的争论、逐渐深入的探讨以及渐渐增强的研究规范性，但也暴露出了许多值得重视的问题。当下正处于信息社会之中，新闻学的理论实践指导意义显得尤为重要。新闻学理论在新闻报道实践中扮演着重要角色，也对新闻学理论范式的实践具有导向性的意义。本节以此入手，力求发现传统新闻学理论在实践中的不足之处，并由此探析提高新闻媒体引导力的有效途径。

目前，新闻媒体已经进入聚合时代，速度、深度、宽度、可信度是现当代传媒的几大特点。新闻事件像一张网一样纵横交错，传统的平面思维、单向思维以及单向的因果关系、非黑即白的主题定位方式，已经无法概述现实生活的模糊性、复杂性与多面性。因此，研究新闻学理论范式一定要密切地联系正在飞速发展的社会现实，在实践中成长，用坚实有力的理论支撑媒体的良好发展。

一、新闻学理论范式概述

大约在 1920 年，马克思主义学说大规模涌入中国，使中国的传统学术发生了巨大的改变。从新闻学领域来看，则是以不同程度接受了马克思主义思想的学者以及从事新闻宣传实践的共产党人为主体，探究并创建了马克思主义新闻理论范式。在此之后，随着中国特色社会主义新闻理论的丰富与发展，围绕"走转改"（走基层、转作风、改文风）活动涌现出了大批理论成果和实践成果。"走转改"使党在新时期的新闻工作得到了长足的发展。

"走转改"深化了我们对新闻传播规律的认知，重塑了新闻媒体观念，使新闻宣传方式得到了创新，与此同时还大大提升了舆论引导能力，为构建人才队伍提供了机遇。"走转改"工程是马克思主义新闻观在当代中国的最新实践，使马克思主义新闻观的内涵得到了进一步的升华。自党的十六大以来，我国党和政府一直坚持采用新闻传播客观规律来推进新闻的改革，把新闻宣传作为党执政资源的一部分，同时把舆论引导能力作为党执政能力建设的重要组成部分。"一切从实际出发"是马克思唯物主义的核心思想，同时也是党的重要思想路线，更是新闻工作者坚持的工作准则。党关于党报工作所做出的理论总结，就是强调确立历史唯物主义与辩证唯物主义的新闻观，突出实际与理论紧密联系的特点。

二、新闻学理论范式对其报道内容的影响

"新闻信息量是指构成新闻的每一个最小的单一事件信息。一个新闻信息就是一个客观存在的，由时间、空间和人物（或其他主体）活动组成的独立的事实"，这是何光先在《现代新闻学》中对"信息量"一词的定义与解释。信息量在不同新闻单位中是不同的，而且新闻的价值理论强调了新闻报道的时效性，这也使单元或单篇新闻报道的信息量受到了限制。同时，新闻的传播具有全面性，这要求其不能传播片面的、零星的、歪曲事实的情况、事实和意见。如今是一个信息高速发展的时代，网络媒体的迅速发展将相同或类似主题的报道通通融合在一起，可能会出现一个链接包含着异常庞大的信息量的情况。但这个"广度"并没有确保它有同样的"深度"，这种"深度"的欠缺导致报道严重乏力。深度报道应该是系统、立体、多维的，这就要求其必须按照外延拓展与内涵挖掘的标准来进行。在基于新闻标准的主

题构思上，我们不能囿于单纯的一城一池，一地一方，要从多角度、多方面出发，坚决不能出现逻辑不强、缺乏说服力、以偏概全等问题。只有从本质上把握住新闻题材和报道的个性特征，才可能让受众从个性上把握共性，从局部了解整体，使报道更具有深度和整体性。

三、如何强化新闻学理论范式的实践导向

在当今的时代背景下，我们所面对的客观世界不再单一，呈现出错综变化、斑驳繁杂的趋势。一方面，各个事物之间的各种联系与作用相互交织，无法明确地区分与归类；另一方面，新生的事物大量涌现，使人目不暇接。此外，随之改变的还有人们的价值观念、思维方式与欣赏水平等。对此，事物的表面现象往往会将其发展的本质规律掩盖，使人眼花缭乱。而各个事物之间的关联度也日益增强，致使事物在发展与变化的过程中打破常规，也导致人们对同一个问题的认识与理解产生差异，此时，增强新闻媒体的舆论引导能力就变得尤为重要。在新闻实践中，媒体主动介入议程能够引起公众的重点关注，可以迅速引导公众的关注方向。而在重大事件发生时，媒体的及时出现既能满足群众知情了解的意愿，又能通过报道影响大众、安抚大众，起到稳定人心的作用，使社会长治久安。媒体本身可对社会意见进行疏通和传达，也可对全社会在理性思考的范畴内进行引导和帮助。

新媒体具有极大的发展空间，新媒体所引发的传播革命仍在如火如荼地进行，它将继续推动现有的传播观念与传播格局进行变革。而中国特色社会主义事业未来的发展，则给传播学与新闻学研究者提供了一个更加宽广的平台。希望在这个平台上，研究者们能够为新闻学的发展注入活力，带来更多的研究成果。

第七节 基于公共利益的新闻学

公共利益可以被看作是职业新闻存在的最终目标和最终服务对象。公共利益在新闻学中可以从三个角度去理解：第一个角度是将公共利益作为新闻产品的选择和组织导向；第二个角度是公民的表达与参与权利可以借助新闻媒体这一公共领域得以最大程度的满足；第三个角度是新闻业是保障社会基本真、善、美的道德支柱性行业，所以其对包括公正、公平、正义、民主以及自由等在内的人类共享的重大价值观极为看重。

世界各国对于公共利益的探讨普遍局限于哲学或者法学方面，但是公共利益从法律角度解读具有实体利益的指向，从新闻学角度解读公共利益，可以将其看作是一种既定的行业伦理或者是价值体系。整体而言，对于公共利益概念的研究，当前新闻学存在两个方面的问题：第一个方面是无法就公共利益的概念达成一致，使得当前的研究无法有效地聚焦交流；第二个方面是公共利益的研究人员自身对新闻学和公共利益之间的联系并没有深入的了解。

一、公共利益的相关定义

公共利益一般可以被看作是民主国家存在的基本特征之一，是指那些具有平等公民身份的人的理性，其最终目标是实现公共善，这也是社会基本制度结构所需实现的目标，更是诸多政治制度的服务目标。对于公共利益的探讨前提是存在民主社会以公共利益为主要根基这一基础平台，在此基础上，每个公民都存在自己的独立意识和人格，其拥有的私人利益和世界观也不尽相同。但是在借助理性、公开和广泛的讨论后，其能够就根本且重大的原则形成一致认识，为社会财富及权利的公平分配提供最大程度的保障，直接促进了民主、正义和公平的发展，此为公共价值的核心价值体系。而如果缺乏基础平台的支撑，即没有保证每个公民都参与到这种交流中来，这种情况下所谓的公共利益只是个伪命题，此中的公共利益仅仅是某些集团或者是特权者利益的保护层而已。

二、新闻产品、新闻媒介及新闻业的公共利益属性

（一）新闻产品的公共利益属性

新闻活动较人们的其他精神把握方式而言，属于认知活动中比较特殊的一种。新闻产品主要有意见和事实两类信息，两者都能够重构或者再现现实。事实和意见信息无论是在形式、功能还是生产方式等方面都存在差异，所以需要对此进行区分。

新闻性一般是用来概括新闻事实信息的特殊性，并且在此基础上衍生出时效、重要、显著以及接近和趣味等诸多具体的性质。例如，相对于久远的事实而言，无论是从空间还是时间的角度考虑，眼前的事实都更加容易让人接受，所以可以认为时效性与接近性是存在重叠的。但不可以认为重要事实本身能够通过显著性与重要性完全并列特显，其中也存在显著性的成分。不同的价值属性能够将事实中的新闻性从各自的角度揭露出来，这些能体现其具有的独立性特点，这些价值属性本身又存在一致性，这是体现其关联性的地方。总而言之，这些属性的根本都是公共利益，在新闻产品中，公共利益属性是其中最重要的品质。此外，新闻这一概念也可以从公共利益的角度进行重新定义，可以认为对具有公共利益以及普遍兴趣指向的实时信息进行公开和技术的传播就是新闻。公共利益属于新闻实时信息中最为根本的属性，提出公民知情权的原因也在于此。知情权是指通过传媒，公众有权

利了解政府的工作情况，公众之所以需要掌握这种第一时间获得信息的权利，是因为这些实时信息直接与公共利益相关。实际上知情权与公共利益之间是互为基础和前提的，公共利益属于知情权的法律依据，同时公共利益的存在和维护需要建立在知情权的基础上；而意见信息作为新闻产品的组成部分之一，其也具备公共利益属性。相对于事实信息偏重呈现客观的特点，意见信息的公共属性体现在借助舆论直接监督和反映对公权以及社会其他层面，所以也被称作舆论监督，这是一种借助自身监督权力运作中权力滥用导致的腐败问题的形式，具有民主的特点。

（二）新闻媒介的公共利益属性

新闻媒介是近现代才出现的，尽管其具有特殊性，但是世界上绝大部分国家对新闻业都持肯定态度。作为产业，存在着自己的利润及价值取向是必要的，因此对于新闻媒体而言，在没有法律限制其必须代表公共利益，而只有道德或者政治角度的限制时，媒体自身也存在一定利益。除此之外，媒体还可能被权利或者更大的资本控制，成为权贵们的代言人。因此新闻媒介应当在坚持真理和争议的前提下，确保服务的对象是民主及人权等公共利益价值，才能够帮助公众制约权贵对利益的掌控，进而为组织的长期稳定存在和发展赢得空间。所以对新闻组织而言，这是其长期存在和发展的根本所在。公众的支持与否是新闻媒介是否能够存活的根本。新闻媒体与公众存在关联主要表现为两个方面：第一个方面是大众传媒，其作为一个平台，允许公民借助自己的权利理性批判公共事务；第二个方面是专业新闻团队，其以服务大众的方式对新闻信息进行收集和处理。第一个方面是界定新闻机构的功能，属于静态层面，其侧重点是信息载体和组织，第二个方面则是体现新闻组织的功能，属于动态层面，体现的是新闻从业者的角色问题，这两者都能够基本满足受众，同时也维持了新闻组织存在的基本状态。

借助大众媒体的传播，才能够使个性思想的锋芒和价值得到最大程度的体现，这也体现了新闻自由权限中的接近权与使用权，每个公民都具有接近并使用传媒的权利。理论上传媒应当无条件地提供平台与技术服务，但是因为媒体的版面与时间限制，并不能够保证公民百分百地有机会参与其中。尽管这一问题因为自媒体和社会化媒体的出现而得到缓解，但是因为经济收入、社会地位等因素，导致公民无法接近和使用媒体。所以对于此情况，新闻从业者应当为弱势群体提供保障，在公共利益中，弱势群体利益属于其中的一部分，所以新闻行业都会默认遵守公正和真相传播的理念，因此新闻组织代表的是公众利益，这是其能够获得公众最大程度认可的原因，也是其获得生存和发展空间的原因。因此，媒体实现自身利益是建立在实现公众利益的基础上，媒体自身利益与公众利益之间是相辅相成的关系。

（三）新闻业的公共利益属性

新闻业属于活动或实践，其能够产生并且传播与公共利益相关的重要事实信息。新闻业的活动以定期发表部分事实信息或者评论的形式开展，从客观角度把真相展示给分散并且匿名的受众，从而获得受众的关注。新闻业的公共属性通过新闻产品和组织的公共属性已经能够得以体现，因为新闻组织创造新闻产品的一系列活动称之为新闻业，但是新闻业作为行业之一，其交流对话的层面是社会和国家级别的。如果想要真正理解新闻业的公共利益属性，民主和新闻之间的关系是必须要先理解清楚的。

通过参考欧美当前新闻业的发展，我们可以发现新闻业与现代社会是共荣共生的关系，其依赖于民主而存在。新闻业只有确保自身正义且自由，才能够更好地促进民主的诞生、发展与完善，而民主政治才能够保障新闻业一直处于自由、独立、道德且公正的状态。参照我国国内，处于转型阶段的中国社会本身就是一项非常庞大的工程，所以在其中分析民主和新闻之间存在的关系也更具有意义，社会的转型分别有政治民主化、经济市场化以及思想自由化三个部分。但这种转型实际上是人自身的转型，这种转型主要集中在思想方面，所以作为大众媒体，理应在这样的转型过程中起到引导的作用。新闻业需要为民主的成长、成熟以及完善提供帮助，新闻业需要帮助民主营造健康的舆论环境以及提供相关信息。民主的存在，无论何时都无法脱离新闻业的保护与支撑，所以可以认为新闻业公共利益的全部和最终内涵就是民主。

对于新闻产品、新闻媒介和新闻行业而言，公共利益属性并非唯一的属性，但却是其中最为重要的品质。如果新闻没有能够与公共利益之间相互关联，或者是新闻无法体现为公共利益，这样的新闻就是不道德的。新闻对于公共意见的影响是整体和直接的，开展新闻工作，其决定权不能仅仅局限于少部分人或者由经济利益和商业利润决定。新闻工作应当充分展现出自身所存在的使命感，新闻从业者应当认识到自己所掌握的权利是何等的举足轻重，认识到需要为所有人造福，为所有人创造公共利益的社会责任。

第二章 新闻学的发展研究

第一节 数据新闻学的发展路径

在当今这个信息化高度发展的社会，信息化和数字化已经是社会发展的两个重要领域，尤其是"大数据技术"快速发展的形势下，"大数据"已经在新闻工作中发挥着重要的作用，因此形成了数据新闻学。本节主要是研究数据新闻学的作用以及发展的趋势，并以此为前提指出数据新闻学的发展前景，旨在为国内数据新闻学的发展做出一些贡献，希望为今后数据新闻学进一步发展提供理论借鉴。

数据新闻学最早源于西方的媒体实践，随着大数据技术的深入发展，数据新闻学已经被社会各界所重视，越来越多的人开始对数据新闻学的发展方向进行探索，特别是在 2010 年的"第一届国际数据新闻"圆桌会议上，数据新闻学的概念被提出并得到了明确，使得数据新闻学的发展更具活力。虽然总体来看，国内的数据新闻学发展形势是非常乐观的，但很多新闻媒体在这一概念的认知方面还远远达不到要求，导致数据新闻学的发展受到了一定的限制，因此需要特别注意，尤其要注意以数据新闻学发展情况为前提，找寻数据新闻学的发展模式，预测其未来的发展前景，这会使数据新闻学的发展更具科学化和创新化的特性。

一、"数据新闻"的诞生背景

"大数据"（Big Data）是这些年来世界各国的媒体都比较重视的热门话题，其在谷歌搜索上有近八个亿的搜索条目。从 2013 年开始，牛津大学互联网研究院的学者维克托·迈尔·舍恩伯格和期刊《经济学人》数据新闻的编辑肯尼思·库克耶共同撰写的著作《大数据时代：生活、工作思维的大变革》（*Big Data：A revolution that will transform how we live，work and think*）在中国出版，并很快被国人所喜欢。他们在书中指出，大数据会使人类获得新的知识，创造新的价值，同时也会使得市场和组织的结构发生变化，并影响到政府同公民之间的关系。

2010 年 8 月，第一届"国际数据新闻"圆桌会议在阿姆斯特丹举办，对数据新闻在概念上做出了解释：数据新闻指的是一种工作流程，主要利用不断抓取、筛选数据的方式来深入挖掘数据，并使用专业手段来对其进行过滤，而后将其合成为新闻故事。也就是说，媒体机构以及记者利用对一些原有数据信息的整理、筛选以及分析，把比较复杂的数据信息进行碎片化的融合，从而提炼出比较清晰的新闻报道，能够很好地描绘出新闻的细节。数据新闻学是"新闻传播学"发展的一种趋势，数据新闻学能够很好地反映出其全方面、多平台的特性，并且在专业的知识技能方面有着相应的新闻生产门槛。也就是说，在文字写作以及音频制作之外，比较专业的新闻报道需要记者拥有相应的社科研究方法、数据处理能力以及计算机领域的众多知识技能。

二、数据新闻学的特征

数据新闻学的含义，就是以数据为基础的新闻模式。数据新闻学是一种全新的新闻形式，在当今大数据技术快速发展的时代背景之下，数据新闻学的一系列功能得到了扩充，呈现出许多新的特性。

发挥"说故事"的重要作用。当前由于数据新闻学的发展，新闻不再只是文字，数据信息的传递呈现出可视化的特性。这种数据新闻不会受到原本新闻模式的限制，而是使数据成为故事，从而使新闻更加容易被大众接受。

强化个人与新闻事件的联系。因为数据新闻需要分析数据，通过科学方式来促进数据的系统性发展，可以保证数据新闻同人类的生活有紧密的联系，所以可能会影响到个人。

使记者的角色发生了深刻的变化。传统记者最重视的就是新闻的时效性，数据新闻学的产生和不断发展，会促使记者更好地进行新闻讲解。从这方面来说，数据新闻学的出现，会改变记者的角色。

三、数据新闻学科学发展的优化路径

大数据技术的广泛应用，使数据新闻学越来越受到社会各界的重视。很多媒体把数据新闻学归入到自身的发展体系之中，找寻更加合理的措施，创新其发展模式。

（1）创新数据新闻学发展理念。理念决定行动，想要使数据新闻学更加科学的发展，就必须重视对数据新闻学的创新，保证数据新闻的"可视化"。这离不开一些新闻媒体对数据新闻学的研究贡献，他们基于自身的新闻媒体发展状态，不再只是使用以往的新闻传播方式，开始从数据新闻学的理念以及技术方面来开展新闻报道工作，使数据新闻成为了一种"阅读载体"，被社会大众所喜爱。创新数据新闻学的发展模式，自然需要很好地使用大数据技术，以使数据新闻更具可视化和准确性的特性，从而提高新闻媒体的竞争能力。

（2）创新数据新闻学发展模式。就当前国内数据新闻的发展情况来看，数据新闻的发展突出体现在财经以及政治等方面，其发展的方式包括"利基模式"及"类比模式"。从总体上看，这两种模式一般情况下能够满足大众的需求，然而却有着一定的局限性。这就要求新闻媒体工作者，具备一定的战略调整能力，积极主动地探索数据新闻学的创新性等特性，不但要重视拓展数据新闻的领域还要重视数据新闻的协同性特性，保证数据新闻的报道内容同百姓的生活息息相关。例如，要重视在民生新闻方面应用数据新闻学，让民众通过新闻了解更多民生内容。

（3）提升数据新闻学发展主体。人类在生产力中有着活跃的特性。要保证数据新闻学的不断发展，就必须要找寻一支有着专业化素质较强的数据新闻采集编辑以及播报工作队伍。这就要求新闻工作者重视其能力和素养的提升，特别是要突破原本的工作模式，提升自身的数据认知以及数据编辑能力，培养出专业的人才队伍，推进数据新闻学的快速发展。对很多新闻工作者来讲，需要重视在数据新闻学方面的深入探究，掌握更多的知识，重视对自身能力的塑造与培养，以便于进一步提高数据新闻学的应用特性，从而制造出更好的数据新闻。

四、数据新闻学未来的发展前景分析

在大数据的时代发展背景下，数据新闻学能够有效地促进新闻媒体的战略性改革以及创新，另外也有利于数据新闻的发展。国内当前进入"互联网+"战略发展阶段，数据新闻会不断朝专业化和规模化等方向发展。

数据新闻学将朝着精细化的方向发展。数据新闻学对于数据新闻的改革以及相关的发展等都会产生很大的影响，对其自身来说是一种理念的支持。随着国内"互联网+"战略的不断发展，数据新闻制作会越来越精细，当前国内大数据技术同新闻传播技术的结合，使得社会中的各类媒体工作者越来越重视在数据新闻学方面的利益制造，以提高数据新闻的质量。比如由于目前国内大数据技术的不断进步，尤其是同大数据技术有关的企业越来越多，有效地促进了数据新闻的制作和发展，相关新闻媒体应该强化同大数据技术企业之间的合作力度，以保证数据新闻朝着更加精细化的方向发展。

数据新闻学将朝着规模化的方向发展。就目前国内数据新闻的发展情况来说，中央电视台以及其他的一些电视台虽在数据新闻方面有着许多的成果，然而还有许多电视台尤其是很多市级电视台，并没有在此方面取得更好的成效，究其原因，很多是由于资金不够，也有些是由于没有相应的技术支持。但是随着数据新闻的深入发展，社会各界也对其更加重视，国内数据新闻学不断体现其规模化特性，数据新闻已经成为电视台的一种特别重要的新闻模式，需要不断推进其发展，积极主动地找寻适合其发展的模式以及能够促进其发展的体制机制，以保证数据新闻在新闻传播中占据一个重要地位，甚至实现数据立台。

数据新闻学将朝着专业化的方向发展。数据新闻的专业特性很强，需要具备专业仪器设备以及人才队伍作为辅助，才能保证数据新闻发挥更好的作用。各级电视台在发展数据新闻方面的认知以及能力在不断提升，国内的数据新闻发展会越来越专业。数据新闻学有望作为高校的一门专业课程，进而推动国内数据新闻学向越来越科学的方向发展。这就需要国内各大高校重视数据新闻学的整体发展方向，设立相应的专业，重视对专业人才的培养，另外还需要重视对此类理论的研究分析，使数据新闻学更具学科化的特性。

总而言之，数据新闻学很大程度上受到大数据技术发展的推动，在推动新闻宣传的改革创新时具有重要的作用。这就需要各级媒体工作者关注对数据新闻学的应用，尤其是要主动找寻合理的发展模式，重视对推动数据新闻理念方面的创新、对数据新闻传播方式的创新和对数据新闻主体地位的创新等，以保证数据新闻学发展的规范化。可以预见，随着各层媒体越来越关注数据新闻学的发展情况，数据新闻学的发展将倾向于精细化和专业化，而且笔者相信，不久的将来，数据新闻学一定能够在新闻媒体的竞争中扮演重要的角色。

第二节　中国特色新闻学如何创新发展

1918 年，北京大学新闻学研究会的成立成为中国新闻学发端的标志。如今，在取得一系列重要进展和成果的同时，新闻学也面临着一系列百年之问：如何认识新闻学的学科现状和地位，新闻学将走向何方，有哪些前沿问题值得研究，怎样塑造中国特色和世界话语。而如何抓住百年机遇，破解百年问题成为当前新闻学发展的重大任务和全新挑战。

习近平总书记强调，要加快构建中国特色哲学社会科学，按照立足中国、借鉴国外，挖掘历史、把握当代，关怀人类、面向未来的思路，着力构建中国特色哲学社会科学，在指导思想、学科体系、学术体系、话语体系等方面充分体现中国特色、中国风格、中国气派。这一指示也为破解新闻学百年之问，发展创新中国特色新闻学指明了方向。

一、新闻学的发展历程和学科定位

新闻学是研究人类社会各类新闻传播活动形成、发展和基本规律的应用性社会科学。它的研究对象是人类社会客观存在的新闻传播活动和现象，特别是新闻事业和人类社会的关系，并从中探索新闻活动和新闻事业产生和发展的独特规律及新闻工作的基本要求。

新闻学对哲学社会科学的支撑作用，主要体现在新闻实践的经世致用之作为，体现在它研究的对象、问题及所取得的成果上。虽然新闻学创建历史还不长，但新闻传播活动可以追溯到人类活动之初，新闻信息传播及其规律伴随着人类发展进步的每一个阶段，并在推动社会进步中发挥作用。随着信息符号的丰富和传播技术的进步，从原始的口头传播到文字的手抄和印刷传播、无线电广播、电视广播，再到网络传播，新闻传播活动已成为人类生存和社会发展不可或缺的条件。尤其是互联网技术的运用和新媒体的兴起给人类经济社会发展提供了变革性的动力，同时也给传统新闻业带来了颠覆性的冲击，给新闻学理论创新提出了新问题、新挑战和新机遇。

新闻学是伴随现代新闻业的实践发展和信息传播活动研究而诞生的，在研究解决新闻传播现实问题的过程中不断丰富发展。现代新闻学和传播学发端于欧美，经过西方学者不断的探索、修正、创新，从新闻业务的总结、新闻史的梳理，到新闻理论的探讨，以及传播理论的引入，历经各种理论、学派、学科的浸润融会，形成了相对系统的研究方法和理论体系，为建立公共信息传播机制和发展现代新闻业提供了理论支撑，对我国新闻学的奠基发展产生了重大影响。

二、新闻学的发展建设问题和当前需要研究的前沿问题

新闻学的发展建设也存在许多问题，尤其是学科的建设和发展问题值得学界重点关注，同时有一系列学科前沿问题值得重点研究。有学者认为目前我国的新闻学研究面临"结构性贫困"问题，制约着学科的持续发展。主要表现为：

第一，新闻传播理论鲜有对重大实践问题的正面、有力回应，研究解读表面化、浅层化，理论知识生产"内卷化"，难以系统阐释重大理论和现实问题。

第二，新闻传播理论研究自主性不足，自主生产的理论资源少，多靠其他学科和国外理论嫁接，同时备受学术外部力量的挤压困扰，外援和内生双重不足，理论自主性危机空前。

第三，新闻学研究的理论"硬度"不足，学科理论范式不成熟，科学方法、理论视野、问题意识有先天不足，观点判断缺乏逻辑、规范和证据的印证支撑。

此外，作为一级学科的新闻学有独特的学科规划，在形式上是新闻学和传播学的组合，但在性质上是规范式学科和经验式学科的并存。作为一种"社会践行"，新闻学通过分析新闻现象，研究总结新闻生产的基本规范，以指导新闻实践，研究的是"应该"或"不应该"的问题，属于规范性学科；传播学则要了解、揭示传播变化所造成的社会影响，属经验性学科，研究的是"是"或"不是"的问题。这也给新闻学与传播学的整合带来了知识理论上的隔膜和困难。

为了摸清我国新闻学科的建设发展问题，中国社会科学院新闻与传播研究所于 2017 年对国内部分高校和研究机构的新闻学科建设进行了调研，对部分专家进行了访谈。调研发现，目前的新闻学学科建设存在六个方面的问题：第一，新闻专业过度扩张，学术质量提升跟不上；第二，新闻学理论研究跟不上新闻实践的变革；第三，学术机制和队伍建设不能适应学科建设的需要；第四，马克思主义新闻学学科建设和教育没有得到应有的重视；第五，学科成果评价体系有待完善；第六，缺乏政策支持、资金投入，资源配置不平衡。要解决新闻理论陈旧和新闻实践超前的矛盾，一方面需要加强基础理论的探索，增加新闻理论厚度；另一方面需要紧密地跟踪新闻业界实践的最新进展，拓展新闻学的广度。

新闻学的发展创新特别是理论创新，要从问题入手，其中的一个核心问题就是新闻如何被合理分享使用。围绕这一核心问题，新闻学的研究议题可从个体、组织和国家三个层面进行归类。在个体层面，重点从个体的知行与德性考察对新闻的获得和使用，重点研究新闻消费、知情权、媒介素养教育等；在组织层面，重点从进退与规约的维度关注新闻媒体以及与新闻媒体、新闻事业等发生关系、相互制约或提供支持的团体，聚焦包括新闻偏见与歧视、新闻的使用保障等话题；在国家层面，主要研究新闻保障和监管的问题，包括新闻消费保障、新闻监管和信息公开等议题。结合中国新闻学的实际，调研组提炼了 30 多个问题，其中有几个重要问题并未得到圆满解答，如：①如何有效运用马克思主义指导新闻学科的建设发展；②新闻学研究经典诠释与解读的基础上需注重哪些方面的开拓发展；③如何认识和发展有中国特色的新闻学；④如何通过新闻学基础理论与实践发展的融通研究回应中国问题；⑤中国新闻学理论创新的思想资源有哪些；等等。

新闻学研究的前沿问题一直是国内新闻学界的热点议题，并不断提出一些新的需要重点研究关注的问题和方向，如：①中国新闻传播创新及其理论建构；②新闻传播研究范式的传承与创新；③新全球化时代的新闻传播理论与路径；④跨文化新闻传播理论建设的拓展；⑤中国新闻传播理论的本土化；⑥中国价值观念的对外传播；⑦巨大变革中的传媒生态系统建设；⑧媒介技术与传播形态变迁的现实问题和发展趋势；⑨新信息技术发展与中国社会文化创新；⑩新的信息传播形态（如短视频、直播等）发展及伦理困境与对策；⑪新的信息传播格局中的政治传播（如政府对新媒体的使用与社会影响）；⑫媒体融合创新与社会连接；⑬新型主流媒体的社会功能实现；⑭计算传播学等新兴学科理论框架及研究；⑮新技术对新闻生产的支持与社会责任的实现。特别是关于互联网的研究问题引起了广泛关注，如互联网对社会传播结构造成的影响、悖论及解读；互联网发展趋势、对社会的影响及应对；对互联网的批判性认识；等等。

国外的新闻学者也提出了一些值得学界关注的前沿问题，如：后真相和假新闻的现象及话语批判；媒体和用户在社交媒体、搜索引擎和消息类应用程序平台上的互动研究；新的新闻形式和新闻实践（数据新闻、事实核查、算法应用、虚拟现实等）在原生数字媒体的应用；数字媒体的转向和平台型媒介的兴起对新闻业商业模式的挑战及新的筹资模式探索（内容收费等）；传统媒体和原生数字媒体的创新、开拓及其不断的组织变革问题；媒介生态结构化的转型变革对新闻业和新媒体产生的影响；电视等传统大众媒体的转型融合研究；公共服务媒体的重要性、差异化呈现、面临的不同挑战（包括政治压力在内）及其开发数字产品的需求；媒介环境转变（由"低选择性"向"高选择性"）加剧信息不对称问题；等等。

三、中国特色新闻学的发展创新

任何学科的发展创新都要建立在对既有成果和资源的辩证吸收、整合再造的基础上。中国新闻学的发展创新，也要建立在学术资源继承、融会、发扬的基础上，坚持不忘本来、吸收外来、面向未来，在继承中转化，在学习中融会，在发展中超越，从而弘扬中国文化传统，反映中国特色实践，体现中国价值观念，塑造世界共同话语，以鲜明的中国特色、中国风格、中国气派为新闻学的创新发展提供理论贡献。

中国特色新闻学的发展创新主要源于四个方面：马克思主义新闻理论的继承发展特别是马克思主义新闻观的传播融会，中国传统文化厚重积淀的传承发扬，基于媒介新技术和新闻实践新发展的理论探索，西方现代新闻传播思想的引进吸收。四个方面交融、激荡、互动、发酵，推动着中国新闻学科的发生、演进和拓展。当前，新闻学的发展创新，应该更多地关注新闻实践的探索，科学地对新闻实践进行理论总结，实现学术资源和现实实践的再研究、再吸收、再整合和再创新。

在中国特色新闻学的理论建构方面，应特别注重马克思主义新闻理论的继承与创新，注重在中国新闻实践基础上推动马克思主义新闻观的发展。中国特色新闻学的核心是马克思主义新闻观，包括马克思主义创始人和其他经典作家关于人类新闻传播现象，新闻传媒生产、流通、消费行为，无产阶级政党同实际工作、同人民群众、同大众传媒关系的主要观点。在马克思主义新闻观的创新研究过程中，尤其要着力研究、提炼党的新闻实践和宣传思想理论，以问题意识和科学方法，围绕党关于新闻舆论、宣传文化工作的一系列重大理论和实践命题，在概念、理念、思维与表述上进行理论创新。

在传统文化传承方面，应着力中国气派新闻学的扬弃塑造。中华传统文化中所蕴含的民本思想、沟通上下的民意制度和以仁为本的伦理道德等文化元素对新闻职业有天然的影响，其中民意制度所实现的传播畅达，是几千年传播活动生生不息的根本制度保证。连施拉姆都对中国文化推崇有加："中国常春的文化和她悠久的艺术传统，总免不了会肃然起敬。""现代中国人在传统的学问上认识得深刻与精到，不但反映了悠久的历史传统，且常能推陈出新。"

在媒介技术和新闻实践的探索方面，应做好中国实践新闻知识的理论总结。中国的新闻学因新闻业实践而生长，新闻学科发展的历程表明，新的媒介技术推广一般会引发新的知识效应。"每一次新的媒介出现，也就自然而然意味着新闻学外延上的又一次扩展"，不只如此，媒介技术的创新还会推动学科内涵、定位及其架构的整体变化。就新闻学科而言，新的媒介技术和实践所带来的是客观知识和经验知识的丰富多元，需要通过重构新闻传播研究的概念框架、思想观念和知识体系，确立该学科区别于其他学科的合法性基础。

在西方新闻传播思想的引进方面，应注重中国风格新闻理论的建设。其中，怎样塑造中国特色和世界话语是一个重要问题。这方面的重点是在中国特色新闻活动实践的基础上实现新闻学与传播学的互动和融合，以问题意识弥合中国和世界的分歧，以人类共同命运议题作为塑造中国特色和世界话语的出发点。新闻学是研究新闻活动、新闻职业和新闻事业规律的科学，而传播学是研究人类传播行为和传播过程发生、发展的规律以及传播与人和社会关系的科学。一个由术而道，一个由道而术。随着人类信息技术的革命和传播媒介的更新迭代，两个学科的界限越来越模糊，甚至在某些领域有融合发展的趋势。尤其是互联网技术和新媒体的发展，更是将新闻传播存在的天然联系凸显出来，新闻学应在人类新闻信息的分享使用这一更大的议题下做好扩充学科知识和拓展学科架构的准备。

在新的时代背景下，要创新发展中国特色的新闻学，就要运用马克思主义的立场、观点与方法指导研究，梳理马克思主义新闻学在新闻观念、理论等方面的边界问题与演变路径，为探索中国新闻学发展规律提供可行路径。"要善于提炼标识性概念，打造易于为国际社会所理解和接受的新概念、新范畴、新表述，引导国际学术界展开研究和讨论"，要倡导用主流价值观凝聚共识，消解去中心化的亚文化解构，打破现阶段中国新闻学理论创新真空。着力推动新闻学学科体系、学术体系和话语体系建设，从中国的现实问题出发，创新中国特色新闻学的理论体系和框架，重塑新闻理论主体性。

在学科建设上，协调好科学精神与政治原则间的关系。目前，中国特色新闻学科建设要解决好四个关键问题：遵守学术逻辑规则，坚持高标准的学术规范，平衡协调好科学精神与政治原则间的关系，妥善处理好理论抽象与指导实践的关系。这就要求新闻学要优化和创新传统学科专业，鼓励传统与新兴学科的交叉；探索在新兴领域和不同领域的交叉区域培育新兴专业和方向。在新媒体成为人们生活方式的今天，人们生产、传播和看新闻的方式都发生了重大变化，新闻学需要全方位转向，从而梳理出一个中国特色新闻学学科体系的创新框架图。这一创新的学科体系架构和主要内容，应该包括概念体系、理论体系、方法论、市场营销、技术意义、效果评价体系等。以往的理论分野已不适应社会发展，有学者认为，基础理论与实务理论的边界越来越模糊。在新闻学理论创新之中，应打破史、论、业务的理论框架，三者不能厚此薄彼，单项发展，而是共同推进、相互联动，按照立足中国、借鉴国外，把握当代、面向未来的思路，着力构建一个体现中国特色、中国风格、中国气派的新闻学学科体系。

在理论创新上，倡导开放包容，摒弃抱残守缺。随着新媒体的崛起，传统媒体的困境尤为突出。学界关于深化新闻学研究理论创新的呼吁越发强烈。新闻学理论到了一个亟待拓展、深化、创新、变革的历史性节点，应当从体系建构转向问题研究，在梳理传统理论的基础上，正确处理好全球视野与本土学术的关系，推进新闻学理论的深入、扩展与创新。

当然，理论发展和创新应坚持马克思主义新闻观，坚持辩证唯物主义和历史唯物主义的新闻思想体系。在实践关怀与理论建构的互动中获得创新动力，在基础理论与实务理论的互动中谋求创新的整体性推进。更多面向实践、面向未来，鼓励学术争鸣，尊重常识、探索通识、凝聚共识。摒弃那种教条式的照搬领袖语录和口号的做法，"切实认识和把握马克思主义新闻观的哲学基础"，真正创新马克思主义新闻观研究。

在学术队伍建设上，高度重视人才生态建设，避免恶性竞争。中国特色新闻学的发展需要高度重视中国特色新闻学人才培养。首先，要形成正气氛围，努力打造一支教学相长、互学互鉴、"真懂、真信、真用"马克思主义的新闻学术队伍，注重理论水平和教研能力的同步提升。其次，要建立良性学界人才成长生态，避免恶性竞争，保证各级高校和研究机构的人才储备，走出"建设—塌方—建设"的重复循环。再次，加强学术界与业界的人才交流，为双方培养积累创新型、全能型的传媒融合人才。最后，在学界倡导良好的学术道德，培养具有甘于寂寞、勇于献身的学术精神的人才队伍。

在新闻教育上，秉持务实开放的态度，服务人才需要。互联网和数字化时代的到来对新闻教育产生了深刻影响，这也给中国特色新闻学的新闻教育提出了新课题。中国特色社会主义新闻教育也要秉持务实开放的态度，在课程设置中强化创新马克思主义新闻观的教学内容，通过建设适应专业实践发展趋势的学科构架，建设拥有跨学科知识、跨文化思维、跨媒体技能的师资队伍，建设宽厚基础跨媒体的课程体系，建造多功能可扩展的融合性实验性平台，实现与新闻实践的融合、与信息技术的融合、与国际社会的融合，跟上新闻实践的时代步伐，培养出立足于中国实际，能"顶天立地"的"全球化人才"。

在学术平台建设上，打造真正推动学术发展的学术组织。创建和新闻学学术地位和学术作用相称的全国一级学会，根据学界和业界的实际需求举办相应的学术活动，定期出版相应的学术期刊、集刊或其他出版物，同时，建立公平、公正、公开的学术平台管理和运作制度，调动各方面的学术资源和参与积极性，提高中国特色新闻学的学术品质，发挥作为哲学社会科学支撑学科的作用，逐步建立相应的学术地位。

创新发展具有中国特色、中国风格和中国气派的新闻学，需要全国新闻学界秉持开放、务实和创新的理念，持续探索，共同努力，加强马克思主义新闻理论学科体系、学术体系和话语体系建设，推动新闻理论研究的传承、丰富与发展，努力建构对哲学社会科学具有支撑作用的中国特色新闻学。

第三节 广播电视新闻学的现状
和发展趋势

当前，我国广播电视业改革力度进一步加大，发展速度进一步加快，整体面貌发生了崭新的变化。为适应这种发展，我国广播电视教育事业也必须跟上时代步伐，更新原有的教育体制、教育观念、教育模式。本节从广播电视新闻学的简介、特点及其功能出发，简要分析了广播电视新闻学的发展现状和发展趋势，对广播电视新闻学做了整体的概要阐述，希望让广大阅读者对广播电视新闻学有所了解，让广大学子能够找到真正属于自己的道路。

科学技术的发展和高等院校教育制度的改革，使广播电视新闻学的处境发生了变化，在这种处境下，形成了广播电视新闻需求与人才之间的脱节，广播电视新闻学不知该何去何从，这种情况令传媒界堪忧。面对广播电视新闻学上重重困难，新闻学者们不断探索着广播电视新闻学发展的道路。

一、广播电视新闻学的简介、特点及其功能

（一）广播电视新闻学的简介

广播电视新闻学分为广播新闻和电视新闻，是两种利用不同传播技术和传播手段来达到同样传递信息功能的手段。广播新闻是指利用声音、发射和接收装置、无线电波或导线来传递有价值信息的电声结合传播方式。而电视新闻则是利用雷达、卫星、电视等载体，通过记者采访、拍摄、编辑、录制画面等手段来传播信息，不仅能够传递声音，还能够传递广播，较之广播新闻更具有吸引力和画面感，但广播新闻时效性更强、受众面更广，在群众中渗透能力更强，因此两者水乳交融、不分彼此。

（二）广播电视新闻学的特点

广播电视新闻学根据广播新闻和电视新闻的不同而具有不同的特点。广播新闻的运载符号、传递方式、运载手段较之报纸、杂志、电视等其他新闻传播方式均有所不同，其更具有时效性强、传播范围广、渗透性强、抗自然灾害能力强的优点，也具有保存性差、选择性差的缺点。

（三）广播电视新闻学的功能

不管是广播新闻还是电视新闻，其都具有新闻功能、宣传功能、服务功能、舆论功能和教育功能。新闻功能是指不管是广播电台还是电视台，都是以新闻为主要比拼手段，新闻节目的质量成为衡量一个电视台、广播电台能力的标准。宣传功能则指的是可以通过新闻的传播功能来宣传新的产品、政策、作品和相关改革方向。舆论功能是指利用多数人的直接看法来改变某种法律不能执行的事情发展的动态，也可以利用舆论来向某方施加压力。教育功能也是指可以通过普及法制、道德品质、公益等来提高群众的知识面和品格。服务功能则是指新闻的实际服务栏目可以更好地为人们提供生活服务。

二、广播电视新闻长久以来的发展状况研究

广播电视新闻事业进步不容忽视。我国的广播电视新闻事业，已经经过了数十载的锤炼和建设，无论是在数字应用领域还是技术领域都取得了不容忽视的进步。于色彩，经历了黑白到彩色；于声音，经历无声到有声；于形式，由说教式到各种类型节目陆续出台；于外形，经历台式到液晶，甚至现在的数字电视、手机电视。这些进步都是不可磨灭的，也是值得骄傲的。

广播电视新闻在不断摸索中前行。随着观众的多元化需求，网络新闻的冲击，一向讲究规整性的广播电视新闻也在摸索中前行，力求推陈出新，既

保留自己的规整性特色，提高信息传递的质量，增强播音的效果，也要与时俱进，和时代交相呼应，更加体谅受众方的真正需求，推出多元化的节目，和受众良性互动，努力让广播电视新闻事业更上一层楼。

广播电视新闻良性创新，努力提高受众度和公信度。面对形形色色的压力和竞争，有效保留住自己原有的优势，在此基础之上创新改革也是当前广播电视新闻的重要现状之一。同时，想要在创新改革的基础上，保持自身新闻传播的真实性，就要有一个完善的媒体监管体系，在播报应急事件时能够保证其可信度，不让公众质疑新闻的真实性，提高大众的认可和广播电视新闻的公信度。

三、应对策略

注重受众人群的感受。广播电视新闻的信息传递是按照媒介方的计划，有规划地按时间顺序进行播放传递的，在其面前，只能根据媒介方的播放被动接受，不能选择自己喜欢看的、真正想要看的节目和新闻。

建立完善的广播电视新闻监督体系。公信度也是在竞争中取胜的一个关键步骤，只有取得群众的信任，才能被大家认可接受，占有更多的市场份额和受众度。因此广播电视新闻应该根据新媒体背景和自身实际情况建立一个完善的广播电视新闻监督体系。这个体系的完善和健全不是光靠媒介方自己监督完成的，应该通过和群众紧密配合共同完成，可以建立微信公众平台和微博举报公众号，全民监督检举不正之风，让群众随时随地发现虚假信息都可以及时发到公众号，等待官方处理，这样有利于第一时间对虚假新闻进行处理，也调动了群众的积极性，获得更多的认可。

发展互联网电视，将广播电视和互联网相结合。放眼当下，网络新闻的成功必然有其过人之处，我国的广播电视事业应该积极吸取经验，不管是来自技术上还是经营上的，在网络电视的基础上，向灵活性再靠近一步，争取既保留自己的特色，也吸取网络新闻的优势，把我国的广播电视新闻事业做得更强、更好。

四、广播电视新闻学专业国内发展趋势

伴随着我国计算机网络技术的不断更新，广播电视新闻学在先进科学技术的影响下也发生了翻天覆地的变化，其更好地迎合了社会发展的需求，对新闻学专业人才的培养上展现出具有中国特色的发展模式。

广播电视新闻学专业设置背景和发展状况。我国新闻学教育在改革开放后实现了突飞猛进的发展，在过去的三十多年中走过了一条超出寻常的道路。根据相关资料显示，当前我国大致有三百多所大学设置了新闻传播专业，教学点超出七百个，在校学生多达二十万人次。可是，伴随着新闻传播教育的迅速发展，其中潜存的问题也是需要尽快解决的。

广播电视新闻学专业社会需求及发展走向。通过对目前新闻学专业在当下发展过程中问题的分析，我国一部分高校在新闻传播学专业人才的培养方面日趋明朗化。其中，在媒体工作人员的培养方面将新闻学教育作为首要的教育重点，围绕此工作重心，不少高校对固有的教育教学模式、人才培养方式等做出了根本性的调整，从而为培养高素质新闻人才创造了良好的条件。

综上所述，广播电视新闻学是利用现代化信息技术，将可听、可看的信息及动画传播给人们的手段，它具有转瞬即逝、选择性差、负面性强的特点。近十年来，人们的物质生活水平不断提高，对艺术的追求也在不断进步，电

视新闻的发展已经不仅仅只有时事新闻,更多的法制新闻、娱乐新闻、音乐新闻、学术新闻等出现在人们眼前,满足了人们对于信息多样化的要求。以网络和信息技术的进步方向来看,未来的广播电视新闻学将会以数字化技术广播、网络同步广播、广播电视集团化、民生广播改革为主要发展趋势,为我国广播电视新闻学发展再创新高。

第四节 融媒体背景下的新闻学

党的十八大以来,以习近平同志为核心的党中央作出推动传统媒体和新兴媒体融合发展的战略部署。媒介融合以及全媒体的发展,不仅带来了媒介产业内部的革命性变革,也给传统的新闻学专业教育带来了巨大的挑战。作为培养新闻传媒人才的新闻院校,有必要认清媒介变革对学科冲击的背景,理清新闻学专业转型发展的思路,从而培养社会需要的复合型新闻人才。为此,本节结合新闻行业转型和市场人才需求变化的大背景,分析新闻学专业的转型发展策略。

2016 年,习近平总书记在哲学社会科学工作座谈会上强调:"要加快完善对哲学社会科学具有支撑作用的学科,如哲学、历史学、经济学、政治学、法学、社会学、民族学、新闻学、人口学、宗教学、心理学等,打造具有中国特色和普遍意义的学科体系。"新闻学作为哲学社会科学学科体系的一个重要分支,是对哲学社会科学起支撑作用的十一大学科之一。

一、新闻学专业转型基础

（一）新闻行业转型的大背景环境

移动互联时代，媒体逻辑发生重大变化，构建以新闻生产为基础、以用户关系为核心、以用户需求为指向的"新闻+"运营模式，是媒体转型的必然。近年来，在大环境变革的背景下，传统媒体纷纷提出转型战略，不管是传统媒体，还是网络平台，纷纷拓展数字化内容生产能力、打造新媒体传播平台。如开设两微一端发力新媒体业务，通过整合媒体渠道资源，实现"PC站+手机站+微网站+小程序+APP"等全媒体、多平台、个性化的信息发布，提高传播效率，促进了传统媒体与新兴媒体融合发展向纵深推进。在全媒体冲击下，许多传统的主流媒体都实现了转型，如人民日报 APP、澎湃新闻 APP，新华社 APP，以及相应的微信公众号也上线运营。新华社"现场云"，更是全面升级服务，向全国新闻媒体开放现场新闻功能；人民日报的"中央厨房"，实现全媒体传播。2018 年 6 月 19 日发布的《中国新闻事业发展报告（2017 年）》指出，传统媒体与新兴媒体融合提速升级，内容与平台、渠道、技术、管理一体化发展，正向"融为一体、合而为一"的深度融合迈进。

（二）新闻行业的人才需求变化

传媒产业媒介形态的革新与聚变对传媒人才能力结构提出了新的要求。

在传媒行业中新媒体和互联网占比例较大，属于人才需求的第一梯队。以往的传统媒体在互联网和新媒体的冲击下，占比相对较小，属于人才需求的第二梯队。2018 年传媒行业用人主要词频分布中，新媒体互联网占比较大，排在首位。传统媒体用人需求普遍低于新媒体。同样，2018 年新媒体行业用人主要词频分布中，运营、策划、营销词频统计分列岗位词频排行前三名，人才需求主要集中在运营，主要工作集中在微信公众号和微博的运营，人才需求极为旺盛。相比前几年，人才需求已经随着媒介的变革发生了质的变化。以往具有单一技能的记者、编辑和剪辑人员已经不能满足现在市场对"一专多能型"新型传媒人才的需求。

二、新闻学专业人才培养新目标

（一）全媒体人才

2019 年 1 月 25 日，习近平总书记在人民日报社就全媒体时代和媒体融合发展举行第十二次集体学习时指出全媒体不断发展，出现了全程媒体、全息媒体、全员媒体、全效媒体，信息无处不在、无所不及、无人不用，导致舆论生态、媒体格局、传播方式发生深刻变化，新闻舆论工作面临新的挑战。

"全媒体人才"指的是在媒介融合背景下的"全能记者"，即采编一体，能够运用文字、声音、影像等多种方法，在平面、网络等多种媒体传播内容的传媒业人才。"全媒体人才"首先突出的是"全"，意味着"新闻＋"的方式，这就要求"全媒体人才"既要熟悉掌握多种传播媒介，还要具备专业的新闻传播素养。就腾讯发布的 2018 年传媒业市场人才需求报告来看，一个合格的传媒人才，在掌握传统办公软件，如文档编辑 Word、表格制作 Excel、陈述展示 PPT、网页设计 Dreamweaver 的基础上，还应该熟练运用各类影视频编辑软件，如 Premiere、Edius、Final cut pro 等，此外还有图片处理软件 Photoshop、视频特效制作 After Effects 等。在大数据背景下，有些岗位还会考察传媒人员的数据挖掘能力和可视化能力。从图像媒体到平面媒体再到交互媒体，市场青睐的传媒人才应是精通多种软件、熟练运用新媒体平台的"技术达人"。

所以在人才培养目标的制定中，在原有的新闻传媒专业理论知识培养的基础上，应重点突出对"具有较强实践动手能力和全媒体制作及运营能力的技术应用型人才"的培养。全媒体人才具有全媒介发展的视野、全媒体使用的能力，这是衡量现代传媒人才的重要标准。

（二）短视频制作人才

随着移动互联网的发展，移动客户端已经成为视频传播的主要途径。短视频凭借时间短、观看方便、传播快、效果好的特点，受到青睐，同时得到观众和用户的喜爱和好评，引发了一场覆盖内容、社交、营销等多个领域的革命——媒介内容形态已经进入了大视频时代，这意味着市场对短视频制作的人才需求极大。对照新闻院校新闻学人才的培养，必须在注重新闻理论培养的同时，注重学生的短视频制作能力。

媒介内容形式词频统计中，视频以 273 的高词频率一家独大。大视频时代，视频成为主要的媒介形式，各类媒体对于视频拍摄、剪辑和包装制作人才的需求也水涨船高。许多媒体对文字岗位进行裁员，以腾出更多职位用于视频内容发展。

三、新闻学专业转型发展路径分析

（一）课程体系建设

学科专业建设的基础和核心是课程体系建设，面对新形势下的媒介环境变革，新闻学专业的转型需要由强化应用性、实践性的新课程体系支撑。

调整部分新闻专业课程的理论和实践课时比例。新形势下，以往的新闻学专业理论课程，如"新闻事业史""中外新闻事业史"等，应降低理论总课时。对部分专业课程，如"新闻采访""新闻评论""动漫基础与图片处理"

等，应增加实践机会，强化学生在实践中运用理论知识解决问题的能力，提高学生的媒介运营意识。同时，对"摄像""剪辑""新闻摄影"等实践环节、实践内容、实践项目做出相应的调整，在课程体系的设计、实践目标的设计上，尽可能结合融媒体和全媒体的相关知识。

结合行业热点，合理增设新课程，让学生了解前沿热点理论。在新闻专业课基础上增加"新媒体策划与设计""媒介融合概论"等，为学生讲授媒体发展的前沿理论、观念变迁、产业发展、媒介转型等相关专业知识。同时通过讨论、作业，考查学生新媒体、融媒体的运用能力，为学生走上工作岗位开拓视野，积累经验。此外，可为新闻专业增设"微电影创作""短视频创作""AE"等视频制作课程，以提高学生的动手实践能力，短视频拍摄和剪辑的能力，学会简单的视频包装，以更好地走向工作岗位。

（二）加强师资队伍建设

加强对教师的培训工作，积极组织教师参加专业培训和进修，通过传媒公司、电视台等的短期学习，增强教师的专业实践技能和水平。

引导教师提升自身专业知识素养，可以通过网络课程培训、外出培训交流等方式，提升教师的理论水平，了解传媒的最新前沿，更新教学案例，提高教学方法。

联合地方媒体行业，引进地方知名新闻媒体工作者或者业界专家入系授课，开展讲座，有助于帮助学生尽早完成职业规划，提升媒介思维，同时还可以引领学生培养媒体直觉、拓宽媒体视野、跳出旧媒体思维惯性。

（三）充分使用校内实践活动平台

主动承担起学校的外宣工作，运用好校园广播中心、校报采编刊发平台、微信公众号宣传平台，为学生构筑便捷的、全天候的媒介传播实训平台，打造全方位的校园实践实训新模式。比如党委宣传部的学生记者团队、院团委管理的知行青年记者团队，公众号宣传平台等，通过内容的撰写、编排、设计、运营，增强学生的新媒体运营能力和全媒体运用能力。

指导学生创办校园媒体工作室，承接媒体行业和社会的项目，积极利用社会媒体资源进行充分的新闻实践，构建校内外联动、立体的实践体系。

（四）提升实践教学能力和水平

1.项目式教学方法

项目式教学，就是在实践教学中以一个命题、一个项目为驱动，教师带动学生完成项目实施的全过程。运用到传媒实践中，这意味着学生从前期设计、资料收集、方案设计、项目实施及最终评价，都自己负责，及时跟进。将项目式教学方法融入部分实践课程，可以让学生在实践项目的推进中，直观地看到自己的实践成果——或许是发表的报纸文章，或许是制作播出的电视新闻栏目，也可能是在网络媒体上被转载、点击量暴增的短视频等。这一方面可提升学生的自信，另一方面也激发他们进一步学习的热情。作为项目的带头人或设计者，教师在整个项目的实施过程中也在不断地自我学习和调整，通过观察学生们的项目表现，调整自己的教学设计和方案。

2."以赛促学"

把与新闻专业相关的比赛作为专业实践的动力，充分调动学生的积极性和自主性，形成实践教学环节与各类竞赛的同步。鼓励优秀学生申报各级各类新闻、融媒体、新媒体创意、设计、运营作品比赛，个人独立完成或以团队小组的形式，以项目学习强化为专业技能，以大赛促进创新。比如，在教育部举办的"全国大学生广告艺术大赛"中融入"广告创意制作""flash动画设计"或者"AE"这几门课的课程教学大纲；把教育部举办的"中国大学生计算机设计大赛"的参赛要求融入"纪录片创作""flash 动画设计"
"短视频制作"等课程的实践环节中，有针对性地给学生布置实践作业，让
学生组队，自选主题，共同创作，最后推选出优秀的学生作品参加各级大赛，
和不同高校的学生一决高下，在竞争中锻炼并完善自身的实践创作能力和
综合素质。这样一方面能促进学生的学习兴趣，增强学生的信心，拓宽视野，
另一方面在指导实践和参与大赛的过程中，也可以提高教师的教学水平和
教学动力，同时也可为学校的应用型发展积累丰硕的成果。

融媒体是一种媒介、一个方法，也是一个背景、一种渠道。媒介变革在
为新闻院校的人才培养带来压力和鞭策的同时，另一方面也为新闻院校的
人才培养带来了动力和机遇。资源通融、内容兼容、宣传互融、利益共融的
时代，新闻院校只有持续推进人才培养方案的改革，尽早实现转型跨越，才
会跟上市场和时代的良好态势，培养社会需要的优秀传媒人才。

第五节 数字化时代新闻
与传播学的课程

本节分析香港中文大学新闻与传播学院的教研发展，结合课程理论，探
讨数字化时代新闻与传播学院的管理和发展策略。

在大专院校的课程规划中，"教学"注重通过师生之间的互动过程来达
到学习目标。1986 年至 2008 年，英国的科研评估（Research Assessment
Exercise）由四家高等教育资助基金会共同推行，把教学研究的范畴定义为
教学过程、经历与经验、环境及情境、授课目标及上述四项之间的相互影响。

随着信息和通信技术的快速数字化，高等教育的课程设计与教学模式都面临与时俱进的挑战，需要师生一起掌握新媒体发展趋势、提升科研素质及学生的专业知识。数字化对传媒行业的影响尤为明显，在内容编写、制作技术、信息传播及至管理架构等方面引发了根本的转变。为此，新闻与传播学科的课程发展需要积极与数字化配合并行。

一、课程发展

课程理论包含多个层面的教育相关研究，用以展示、解释和预测发展状况及教学成果。教育学家均认为"课程"不但是实践教学活动的大纲，也是院校和学生之间的基本沟通桥梁。例如 Marsh 和 Willis 指出，课程反映了院校如何规划学习过程，以及对学生的指导办法。因此，课程可以把教育理念具体化，以便实践并检视其成效。通过展示课程大纲，教师和学生都能简要了解教学模式和范畴，明确教学目的，并贯通理论与实践及其社会意义。Glatthorn、Boschee、Whitehead 与 Boschee 把课程理论分为四类，包括结构取向理论、内容取向理论、价值取向理论和过程取向理论。从结构取向规划课程，即注重课程模块之间的关联和配合，以便有效地教授抽象的概念。例如把课程模块的设置按照社会状况、逻辑顺序、研究方法、学习方式和应用技术层面来排序。内容取向理论则较注重和依赖学者对于特定学术范畴的专业判断，并以此来设置课程。依据该理论，某门学科专业必须掌握的知识和技能需要全面地被涵盖于课程的各个阶段。此类课程设置偏重以考试评定学习成果，用于职业培训，例如医学及一些存在明确评核指标的教学内容。价值取向的课程设置方法则源于批判学派，旨在反思教育科学与人文艺术的关系。例如 Apple 提出科学知识与文化艺术和神话传说都具有社会意义，在教学过程中不能忽视。因此,以价值取向设定课程更注重全人教育,扩展学生的思维空间,使其学以致用并主动以科学方法分析社会议题、寻找答案。过程取向理论学派则进一步提出,教育是教师与学生的互动过程,课堂和课外的沟通和活动都是传授知识和技能的过程。过程导向的课程设置以学生的个人体会为本,教师引导学生学习解决问题,通过观察与反馈了解学生需要,进而调整教学方法。综合上述教育学者的观点,课程设置不单是把多门相关的学科组合成一个"课程",更需要切合学生的学习需要、教职员工及院校的资源调配、教研发展及社会大众对高等教育培训的期望。

二、数字化时代的挑战

数字化时代的新闻与传播学课程设置正面临新挑战,其中包括传媒生态的根本性改变及教学环境的转变。过去 10 年,新媒体正在急速发展,并逐渐削弱传统媒体产业的盈利。部分竞争力较弱的传统媒体在过去数年相继停刊和结业,例如香港的《成报》《新报》《太阳报》和亚洲电视。余下的媒体巨擘则面对前所未有的考验,例如在广告收益下降和观众娱乐模式转变的影响下,电视广播有限公司在 2016 年的盈利同比下跌 5%,纯利同比下跌 62%。香港免费电视广播市场发展困难,凤凰卫视旗下的凤凰香港电视有限公司也因此撤回香港免费地面电视广播牌照的申请,并把资源转投于发展 OTT(Over The Top)的新媒体广播服务。虽然社交媒体不能全面取代传统媒体,但是前者拥有更具吸引力、更便捷和更实时的展示平台,这足以吸纳年轻读者和观众,使后者的经营环境更为严峻。在香港,53%的 16 岁以上的人拥有 3 个或以上的联网个人电子设备。固定网络宽带服务的用户数量由 2006 年约 180 万,增加至 2016 年约 260 万,增长率达到 50%。

在网络用户和设备急速增长的同时，全球新闻业界亦加强采用移动媒体科技，提高在线内容的质量。Newman 预计，在线视频应用将会是业界竞争的重点。其中，英国广播公司已经推出视频应用"Ten to Watch"，纽约时报更以 360 度全景照相机摄制环境新闻，针对使用平板设备的读者群，提供崭新的新闻阅读体验。与此同时，全球各地的传统媒体在过去数年逐渐数字化，开发 Android 和 iOS 手机应用平台，并大力推动社交媒体内容，建立 Facebook 和微信专页，从而扩大观众群并争取网络广告收益。崭新的竞争局面加上媒体制作和管理模式的转变，促使大专院校的新闻与传播学课程同步迎来数字化时代。从课程设置的角度看，院校需要重新审视授课内容，包括新媒体学科与传统媒体学科的比例关系、学生必须掌握的就业技能和新媒体学科的师资。引进新媒体课程与数字媒体教学的同时，由于受限于学制和学科数目，许多具体的课程问题也迫在眉睫，例如，传统印刷媒体的编制和管理应否维持为必修学科；大数据和数据新闻学等新领域该如何融入新闻与传播学课程。

虽然我们的日常生活已经高度数字化，但是对新闻与传播学而言，这个挑战是前所未有的。首先，为了让学生学习数字化的媒体运作，硬件提升是必不可少的。例如数字化录像棚、在线导播设备、高清和 4K 超高清摄制器材和后期制作软件，都需要投放大量资源。然而，院校与学部对于学科发展的愿景存在差异。院校的资源调配需要平衡各个学部的整体表现，很难个别迎合新闻与传播学部的运作所需。其次，为了维持院校的国际竞争力，更多的资源往往被投放于科研项目而非教学项目。同时，院校的科研成果还需要与社会议题接轨，并运用部分资源协调社会参与，例如本地青少年问题的研究等。这些现实问题都指向新闻与传播学科在数字化转型中不得不面临的挑战。

三、"教研新思维"下的课程发展

香港中文大学新闻与传播学院实行"教研新思维"发展计划，以全面的软件和硬件改革，配合人才培训来应付"数字化的挑战"。香港中文大学新闻与传播学院的"教研新思维"有利于科研与教学互补长短，在争取国际排名之余为学生提供更数字化和紧贴专业发展的学习经历。这个策略包含两部分，首先是整合学院的科研发展目标，以新媒体导向更新课程设置和科研范畴，配合大学发展的期望。然后是以科研经验改革课程，与数字化接轨，让学生按个人兴趣发展所长，探讨和比较传统媒体与新媒体的特性。改革后的新闻与传播学课程与时俱进，涵盖数字媒体、社交网络和网络文化等领域。

在科研方面，大学看重各个学部和整体的国际地位，因此推动"教研新思维"首先需要了解主要国际评级的关键考核指标（Key Performance Indicator，简称 KPI）。在《QS 世界大学排名》的传播学科评级方法中，论文引用和 H-Index 共占 40%，其余为学术声誉占 50%，业界声誉占 10%。其中，H-Index 重点考核研究人员的个人成就，包括论文数量及被引用的次数。《泰晤士高等教育世界大学排名》的评级方法与此类似，通过 5 类共 13 项指标来评估大学的综合表现。其中，科研表现占 30%，包括论文刊登数量、学术声誉和科研经费资源；引文表现占 30%，尤其重视科研成果的影响力。由此可见，大学的国际排名表现六成取决于研究成果。近年来数字媒体研究的引文量远超于传统媒体研究，这说明新闻与传播学院需要加强数字化研究项目。在这个竞争环境下，学院应鼓励教研人员发展数字化的传播学研究，并增加招聘新媒体研究方向的教师，提高整体的论文数量和引用量，力图在比重极高的科研评分中争取更好的表现。

学院的科研表现不仅反映在国际排名中，更包括研究人员的个人成果、同侪协作、发展研究中心和学刊。教授的个人表现，按照香港大学教育资助委员会拟定的研究评审工作（Research Assessment Exercise，简称 RAE）执行。助理教授、副教授及正教授需要自选五项学术著作，送交 RAE 的国际评核团队，并申报个人在国际学刊出版的著作数量。经审核后，教授的著作被分为四等，具有国际影响力的研究成果可获第三或第四等的最高评级。因此在 RAE 评审中，研究项目的国际影响力是成功的关键。综观现在传播业界和学界的发展趋势，数字传播备受国际学者热议。若研究人员加强出版这个方向的学术著作，整体的论文引用量和国际影响力将会逐渐提升。这说明了数字研究的发展，有利于强化教授个人和学院在 RAE 的表现。另外，学院鼓励教师在进行个人研究计划以外，多参与跨院系和跨校研究项目，拓宽研究范畴并争取更多研究资助。由于研究经费透过严谨的同侪评分审批，学院会为教师提供适度的支持。同时，为了整合研究资源并促进国际传播学者与学院师生交流，香港中文大学新闻与传播学院在 2012 年成立了中华传媒与比较传播研究中心，下文简称 C 研中心。C 研中心致力于发展数字化传播学研究并举办专题会议和工作坊，例如 2013 年的"创意及媒体产业新路向国际会议"、2014 年的"数位时代的传播伦理问题"工作坊、2015 年的"数位时代的传播教育：问题与挑战"工作坊、2016 年的"公共关系与战略沟通：数码时代的挑战与机遇"会议和 2017 年的"数字科技对新闻的冲击"工作坊。

在教学方面，数字化传播学研究的成果为学生带来更多新观点和理论分析，使课程更加贴近传媒发展趋势。再以《泰晤士高等教育世界大学排名》

为例，除了六成的科研评分，余下三成评分来自教学素质及学习环境，最后一成是国际化和产业贡献。因此，在传播业界高速数字化的同时，新闻与传播学院的课程发展方向也需要加大数字媒体和新媒体的比重，提高教学素质和课程质量，以争取更佳的教学评分。由传统的新闻与传播学课程向数字化过渡是一项庞大的工程，最理想的发展则是课程与数字媒体研究方针无缝接轨，把研究成果结合在课程发展中。

然而，课程数字化不能只靠改动教学内容，更需要协调整个学院的愿景和氛围，让师生怀着共同的理念和学习目标，迎来数字化时代。新闻与传播学院在 2015 年重塑学院的定位与形象，以"专业承传、开拓创新"为发展理念，让师生以专业的传播学理论知识，朝着新媒体和数字化方向迈进。除了教研数字化，新的发展理念为学院带来更多优势。透过革新学院形象，教师与海外同行积极开拓合作项目，加速国际化。同时，学院的科研成果与前瞻性的思维，有助于促成学院主导的产业合作关系。在招生方面，学院的新形象展现时代感和创意，并透过开设 Facebook 和微信公众号加强与网络社会的联系，贴近当代学生的期望，提升竞争力。现在，新闻与传播学院的课程及研究领域已经实现数字化，本科学生在第二及第三学年可按兴趣选择新闻专业、广告及公关专业和创意及新媒体专业，各个专业的授课内容都与新媒体的理论和应用层面配合。除此以外，新闻与传播学院也进行了数字化的硬件提升，更新电视摄影棚和成立创意媒体实验室。教职员工的办公室也参照创新科技企业设计，加强数字化软硬件配套，实现云端管理和办公室无纸化。

在推动教研新思维的过程中，新闻与传播学院实现全球化人才招聘与科研发展，促使课程发展具备国际视野，并获得更丰富的资源分配。来自不同地区和教育背景的教师令学部的科研项目趋向多元化。本科和研究院课程，例如新闻、广告、公关和新媒体都有相对应的研究项目，让教师的科研成果转化成教学材料。在导师的支持下，新闻与传播学院的两项学报《大学线》及《Varsity》已经实现数字化采编流程及在线出版。另外，学院重点引进业界的数字媒体专业人才，在应用层面提升学生的就业技能。因此，教师编制分为三种，包括专注科研发展的教授岗位、带动校企合作的应用专业教授岗位和传授理论与专业知识的讲师岗位，并配合具有竞争力的聘用待遇保留人才。这一系列由内而外的革新，让师生一同体会数字化时代的校园生活，刺激教研新思维。

媒体数字化对于新闻与传播学院是挑战也是机遇，应对关键在于学院是否能以传播学专业知识审视科技新趋势，设置以学生多元发展为目标的课程。若从理论角度思考传播学科在数字化时代的演变，课程的价值取向和过程取向尤其重要。传播学课程的设置一方面针对专业培训，另一方面促进学生的全面发展。在四年制的大学生活中，学生不但学习数字媒体理论和制作技能，更认识和探究社会数字化对个人生活的影响。总体而言，数字化时代新闻与传播学的课程发展包含三个要点：国际化、跨学科和新思维。首先，学科得以通过发展国际化的教研团队和跨国合作的研究项目来丰富数字领域的传播学知识转移。其次，在现有传播学理论基础上加入跨学科视野，例如以心理学、计算机科学和工程学的角度进行媒体研究，帮助学科进一步理解和预测媒体数字化的影响。以上两个发展方向造就课程设置新思维，教师团队的研究和教学取向逐步聚焦于数字创意产业，并把新媒体的研究方法，例如大数据和数据科学，逐步整合在本科和研究院课程中。过去 6 年间，新闻与传播学院的课程逐步数字化，平衡了学生、大学和学院对教学、研究和国际排名的期望，并得到相关的教研资源。学院的教学和研究成果，迎合了全球新闻从业者对大专院校新闻学科的期望，包括引领数字化技术发展、培训数据新闻学人才、研究新媒体经营模式和传授新闻专业价值观。媒体数字化正在急速发展，香港中文大学新闻与传播学院的阶段性成果为数字化时代的课程发展提供参考案例。与此同时，学院持续审视和完善课程规划，紧贴全球新闻业界和学界的发展趋势，为学生提供与时俱进的新闻与传播学课程。

第六节 中国新闻学学科发展

学科是一个相对独立的知识体系。对大学中的任何一门学科来说，学科由课程教学体系与学术研究体系两大部分组成。

当下，中国新闻传播学学科发展，无论是课程教学还是学术研究都处于迷惘之中，面临百年来的巨变，原因就在于我们进入了互联网时代，营造了一个全新的社会生态。

在移动互联网重构传播生态的当下，新闻传播学新的学科体系应以"公共传播"为核心概念，以社会交往、沟通、传播为基本范畴，以"技术""思想""表达"为关键词进行教学与学术研究体系的重构。

一、中国新闻学学科发展历史、现状及面临的挑战

在中国乃至全球，新闻学教育都是伴随大众传媒而生，伴随大众传媒兴盛而繁荣。

近代以来，外国人在我国创办的中、外文报刊快速增长，同时出现了大

量的商业报纸。以《遐迩贯珍》（1853~1856）为代表的商业报纸的繁荣直接影响了中国近代新闻业，启发了中国近代的知识分子，激发了他们的办报热情。"据不完全统计，自 1873 年至 1895 年的 20 余年中，中国人自办的近代报刊约有 30 种"。1911 年武昌起义爆发后，一大批清政府为控制言论而颁布的法律被废止，中国新闻事业的发展进入高峰。近代中国涌现出邵飘萍、黄远生、张季鸾等一批卓越的新闻记者，他们纷纷著书立说，对新闻职业表达自己的认识和理解，根据自身工作经历对新闻记者的职业标准进行探讨。中国近代新闻事业的快速发展和壮大对新闻人才提出了更高的要求，新闻人才的培养变得紧迫起来，加快了新闻教育的发展步伐，为新闻学教育创造了条件。

新闻界对新闻教育的提倡开始于 1912 年，这一年中国报界俱进会首次在决议案中提出设立新闻学校，虽然决议未能被执行，但是新闻教育开始为报界所关注，为社会所接受，为新闻学教育的出现奠定了基础。1918 年北京大学新闻学研究会成立，以此为标志，中国新闻学教育开始正式确立。1920 年，上海圣约翰大学开设报学系，这是中国高校正规新闻教育的发端。此后，燕京大学新闻学系、复旦大学新闻学系、圣约翰大学新闻学系、暨南大学新闻学系、广州国民大学新闻系等纷纷开办，发展至今已逾百年。除正规高等院校新闻学教育之外，职业教育也是新闻学教育启蒙初期不可忽视的一股力量。职业教育注重技能培养，"所设的课程，大部分是侧重实际工作的，如排版、排字、管账及初步的采访等"，而且注重实践。"由广义的新闻教育的立场而言，这种办法当然不能认为健全，然而这些学校之设立，很可以证明现在中国报业一种有意义的趋向"。

近百年来，所有新闻学教学的目标都是为大众传媒培养记者、编辑，核心课程是采、写、编、评、摄等新闻实务课。由于大众传媒崇高的社会地位（记者这个职业过去常常被认为是无冕之王）和丰厚收入，综合性大学的新闻传播学专业成为学子们的向往之地，吸收了大批优质生源。

但现在，风光不再。三大传统媒体一路狂跌，中国尤甚。一方面，报纸、广播、电视等传统媒体原有的以广告为主要收入来源的商业模式出现严重危机；另一方面，传播技术日新月异的发展，新媒体、新的传播方式层出不穷，世界已进入了泛媒体时代，传统媒体无论是社会影响力还是经济收益，逐年大幅下滑，人才也大批流失。正如喻国明教授2015年10月31日在华中师范大学举行的中国传媒经济与管理学术年会上所说"媒介的转型不是渐进性的，而是一种跳跃式的、断裂式的革命"。2016年5月，清华大学发布的《中国传媒产业发展报告（2016）》显示，2015年传统媒体，尤其是传统报业发行量与广告量都在经历着两位数的持续下滑，电视媒体也面临增长乏力和马太效应的双重挤压。2015年全国各类报纸的零售总量与2014年相比下滑了41.14%，其中都市报类下滑幅度最大，已达到50.8%。相对稳定的订阅市场在2015年也出现了加速下滑的趋势。2015年、2016年像《今日早报》《都市周报》《上海壹周》《新闻晚报》等过去比较新锐且盈利较好的都市类报纸纷纷停刊或改为线上运营。而与此相反，政务微博、微信、社会组织的新媒体平台、自媒体却在迅速兴起、快速增长，多元立体开放的媒介生态正在形成。

那么我们的新闻传播教育现状如何呢？国内1080所大学设置了新闻与传播类本科专业，其中307所大学设有新闻学专业、225所大学设有广播电视学专业、365所大学设有广告学专业、55所大学设有传播学专业、80所设有编辑出版、43所设有网络与新媒体专业、5所设有数字出版专业。在校本科生共有 23 万，研究生 2 万。这些学生每年毕业能进入三大传统媒体当记者、编辑的不会超过 5%。即使一批名牌大学的新闻院系毕业生，能进入传媒业的也不会超过 15%。他们都进入了各行各业，以政府机关、大中型企事业单位为主，从事与新闻传播相关的工作，可以说，改了行，没改业。那么，近 100 年来，我们新闻传播学始终坚持的为报纸、广播、电视业培养记者、编辑的目标已不复存在。

因此，重新设定新闻传播学专业的培养目标，是我们必须面对的第一大课题。只有这样，新闻传播教育才可能如威斯康星大学新闻学院教授 Michael Wagner 所言："我们培养他们的目的，是让他们毕业的时候可以从事现在都还不存在的工作。"这涉及学生知识结构的重新建构，教学课程的重新设定。

从学术研究来说，我们面临的最大问题是学术研究领域的中心课题是什么。近百年来，我们新闻传播学学术研究是围绕着三大传统媒体展开的，尽管传播学研究中有人际传播、组织传播、跨文化传播等新拓展的领域，但中心领域是报纸、广播、电视等三大媒体，而中心课程是研究三大媒体的新闻报道。在改革开放 40 年的时间里，在新闻传播学的两大分支中，前 20 年里，新闻学研究阵势雄壮，传播学研究相对弱小；而新世纪以来，传播学研究却在野蛮生长，新闻学研究不断萎缩。笔者把它称作"从小新闻走向大传播"。这个变化适应时代要求，当新媒体把公众所拥有的传播权利转化为传播权力，面向社会的信息传播就从专业变成泛社会化，传播也成为了全社会的需求。人们在实践中体会到一点：传播创造价值。对新闻学科来说，这个变化源于对我们研究对象"信息"一词的重新理解。我们过去理解的信息概念是美国人香农提出的"信息是消除人们随机不确定性的东西"，这是对信息最狭义的理解，那基本上就是新闻即是新近变化的事实的信息。而现在，人们对信息的理解是人与外部世界的互动，适用维纳的信息定义：信息是人们在适应外部世界，并使这种适应相互作用于外部世界的过程中，同外部世界进行交换的内容与名称。于是，与外部世界进行交换，尤其是社会的交往、交流、沟通，传播的一切形式、内容、介质都成了传播学的研究领域。城市的空间成为一个时代风貌和人们集体记忆的载体，形成"城市传播"；人们的服饰传递出一种社会文化，形成"时尚传媒"；疾病流行引发人们关注，形成"健康传播"；政治传播、艺术传播、宗教传播、体育传播、科技传播等，一切文化现象都成为传播学研究的对象。这大大拓展了我们的研究领域，但与此同时，新闻传播学研究的中心课题是什么，新闻传播学研究的边界在哪里，一切专业，以专为业，都有明确的边界，无边无界，一个学科就难以立足。

二、重建新闻传播学学科体系的路径

新闻传播学是以三大传统媒体为中心的学科体系，包括教学体系、研究体系已被新媒体解构，所以我们必须重新建立起新的学科体系。

新闻传播学新的学科体系应以"公共传播"为核心概念，以社会交往、沟通、传播为基本范畴。这包含三个层面的意思：其一，必须充分认识媒介与社会结构是相互紧密交织在一起的，媒介系统性地熔铸于整个社会之中，既影响政治、经济和一切其他系统，又反过来受它们的影响。以互联网新技术为依托的新媒体，尤其是移动媒体，不仅颠覆了中国的媒介生态，也重新建构了当前中国的政治和社会生活，在公共事务、推动公共决策等方面发挥着重要的作用。其二，在多元利益群体并存的社会结构中和媒介技术发展的新阶段，传媒的公共性实践就是作为多元主体之一参与社会治理和国家治理，以平等、公平、公正、开放为圭臬，为多元社会中的各利益群体提供意见表达和沟通的平台，从而制造社会共识。其三，打破以传统媒体、机构媒体为本位的教学和研究视野，充分认识到在当前移动互联网重构的网络社会中，政府、企业、组织、个体都有媒介化的趋势，都可以成为传播的主体，社会正在进入泛媒体时代这一事实。

为此，我们必须重新建构课程教学体系，这是我们学科的当务之急。

我们的培养目标应设定为：为国家和社会培养从事公共传播的复合型人才。学科及人才培养的范围由单一面向三大传统的机构媒体转而面向整个社会的传播人才培养，当然包括为媒体培育记者、编辑。所谓复合型人才，主要是指新闻传播学和社会科学的复合。系别或课程设置上，可以参考英国的做法，他们大致都以"media and cultural""communication studies"为课程的名称，可以用社会学、经济学、政治学、心理学等方法路径进入新闻学的教学和研究中。

我们课程教学体系的关键词有三个：技术、思想、表达，或者说是构成新闻学专业学生知识结构的三大板块。

技术就是技能、技巧，除了过去新闻学专业学生所必备的采访能力、编辑能力、摄像摄影等技能以外，还必须掌握新的媒介技术。俗话说：工欲善其事，必先利其器。如前所述，新技术带来了大变局，新闻传播教育不能对这种大变局置若罔闻。新媒体必须成为中国当下新闻传播学研究的热点，大数据挖掘、数据可视化等都应作为课程放在高校的人才培养方案中。比如中国传媒大学就于2014年开设了数据新闻班。新专业在开设之初肯定会出现困难，教数据的不懂新闻，教新闻的不懂数据，需要时间磨合，但一定要行动起来。又如中山大学则建立了"大数据传播实验室"，该实验室整合来自中山大学新闻学、传播学、社会学、计算机学、心理学等各个领域的学者，利用跨学科优势，为社会观察提供科学方法，这是非常有益的尝试。

除此之外，视频直播技术、VR 技术都是应该掌握的媒体新技术。视频记者需要具备利用手机、直播技术提高现场直播的能力。2016 年邯郸洪灾中，《新京报》记者林斐然利用手机进行了现场报道，带来了四段视频报道和两段最重要的视频直播。国外的记者使用 Facebook 进行直播报道已经非常普遍，也比较早地将 VR 技术运用到新闻报道中，如《纽约时报》2015 年10 月推出 VR 新闻移动客户端"NYT VR"，美联社、英国广播公司、美国广播公司等传统媒体也已经开始利用 VR 技术进行新闻报道。传媒是一个技术驱动的行业，当下信息技术发展速度之快是任何一个时代都无法比拟的，高校的新闻传播教育不能故步自封，一定要跟上技术变革的步伐。

所谓思想，也就是要形成并不断完善自己的知识结构，提高对信息的判断、分析、解读能力。强调技术教育的同时，我们必须清醒地认识到，在这样一个大变局时代，与时俱进，保持与时代的同步是重要的，但必须有自己的定力，维护本专业的核心竞争力，培养新闻传播专业学生的洞察力、思辨力，保持思想的独立性。在互联网时代，海量信息呈现，信息的过滤、筛选、甄别、使用成为一种新的能力，而这种能力的内涵及精神指向包括良知、思想力与人文精神，这些都应是新闻传播院校所应该坚守的培养目标。当前的新闻学学科课程设置，除了实证化、工具性的培养外，新闻学科和新闻职业的人文内涵培养也不可忽视。应该拓展新闻学的学科基础，将人文科学纳入其间；同时把新闻学研究和教学放置在一个更广阔的思想史传统之中。

所谓表达，也就是要全面提高新闻传播专业学生的文字、口头及各种可视化表达能力。好的表达，就是要有好的叙事能力，尤其是讲故事的能力，这是新闻传播专业学生的基本功之一。我们经常会提到的《儒林外史》作者吴敬梓就是一个讲故事的大师，如他描写一个势利的市井小人："正说着，外边走进一个人，两只红眼边，一副铁锅脸，几根黄胡子，歪戴著瓦楞帽，身上青布衣服，就如油篓一般，手里拿着一根赶驴的鞭子。走进门来，和众人拱一拱手，一屁股就坐在上席……"这就是卓越的文字表达能力。过去，我们将新闻和文学作品当作两种相互对立、分离的文体区别对待，与之相应，就形成了两种不同的叙事范式，彼此好像水火不相容。新媒体的出现，在很大程度上将这种对立打破，两者合流，承认其在讲故事的方法上同根同源是一种趋势。因此，在新闻写作训练上，要尝试打破这种绝对的界限，进行多种文体的突破创新培养。

除此之外，还要掌握多媒体叙事能力，会用数据讲故事，用计算机语言将文字故事可视化。学会使用计算机语言，像学习英语一样学习一些计算机代码，掌握一门和计算机进行对话的语言。

建议以上述的"技术""思想""表达"这三个关键词，重新设计我们的专业课程。

综上所述，以"公共传播"为基本概念，以社会交往、沟通、传播为基本范畴开展新闻传播学的学术研究，这是一个巨大的研究空间。这需要大家来协商，确定我们的共同边界和基本课题。笔者认为，提出"公共传播"为新闻传播学研究的核心概念，目的是引起我们对本学科所面临挑战的重视。

第七节 新闻生产社会学理论

从新闻生产社会学（Sociology of News Production）的角度来看，深度报道的生产与发展是一个复杂的社会过程，是不同社会因素在新闻生产中的权力实践与博弈，因而创新发展深度报道必须关注其社会性影响因素。社会学家伯纳·罗胥克（Bernard Roshco）认为，新闻具有双重本质。首先，新闻是一种社会产物，新闻的内容反映了孕育新闻的社会现实；其次，新闻也是一项组织性产物，它是专门收集、传播新闻的专业组织所制造出来的成果。深度报道既是社会机制组织结构及其文化产物，同时也是社会机制内的成员彼此之间以及与外界因素的互动作用结果，在探索深度报道发展路径的同时分析其社会性影响因素十分必要。

一、深度报道发展的外部动因

（一）媒体环境与受众阅读方式的变迁

当前，造成深度报道的现实发展困境的最主要原因是媒介形态转变带来的受众阅读方式变迁，因而如何适应新的传播环境是深度报道发展需要解决的首要问题。深度报道只有不断适应新的媒体环境、贴合受众阅读方式，才能获得更广阔的发展空间。1968 年，尼尔·波兹曼基于麦克卢汉等人的研究基础，公开提出了媒介生态（Media Ecology）这一概念，将媒介生态学定义为"媒介作为环境的研究"。近年来，随着移动互联技术与新媒体的快速发展，媒体形态与新闻传播方式都发生了结构性改变，这促使受众获取与阅读新闻的方式也随之变迁，使深度报道面临的外在环境发生了深刻变化。

在新的传媒环境下，微博、微信、新闻客户端、直播平台等各类新兴媒体迅速发展，公众的话语空间进一步扩大，互联网上的信息量随之裂变式增长。人们在海量信息面前阅读资讯往往浅尝辄止，碎片化的阅读方式正好契合了人们以较低的时间成本获取重要资讯的客观需求，使得需要耗费长时间阅读的深度报道不再受到广泛青睐。传统媒体由于失去了受众市场，影响力一度被新媒体削弱，许多传统媒体出现了经营困难，面临着多元挑战与转型考验，高成本的深度报道部门普遍面临裁撤与削弱，如何重新树立发展优势成为传统媒体直接面临的现实问题。

（二）新闻传媒行业的竞争环境

移动互联时代信息量过载的同时，人们的注意力资源仍十分有限，如何争取受众是所有媒体都无法避免的现实问题。媒体需要以受众需求为牵引，不断优化自身新闻生产经营方式，才能在行业竞争中处于有利位置。随着国内媒体融合趋势的迅速发展，新兴媒体快速兴起，媒体间的行业竞争愈加激烈，不同媒体都要通过优质内容赢得受众市场，这种外在的竞争压力对深度报道的发展产生了重要影响。这就要求媒体更加考虑自身的经营策略，通过科学合理的媒体经营方式争夺受众，调整新闻产品的生产结构、提升新闻产品的内容质量，才能在与其他同行媒体的竞争中赢得优势。在新兴媒体蓬勃发展的背景下，报纸、广播、电视等传统媒体面临着发展方式转型的挑战，传媒生态环境的深刻变化促使受众对新闻的需求发生转变。深度报道作为传统媒体的优势，同样也是与新媒体开展内容竞争的有力武器，因而深度报道的优化发展方向需要站在行业竞争角度，思考如何在新媒体盛行的信息碎片化时代走出一条转型突围之路。

（三）深度报道的理论发展与技术更新

新闻理论指导着媒体业务实践的发展方向，而传媒技术的发展是媒体形态演变发展的直接动力。回顾我国深度报道的发展轨迹不难发现，深度报道的发展水平、采编理念、呈现形态都与这一时期国内新闻行业的理论发展与传媒技术进步息息相关，这是生产力与生产关系这对基本矛盾在新闻传媒行业的体现，因而新闻行业的理论发展水平与传媒技术现状同样是深度报道发展的重要外在原因。

就新闻理论层面而言，新闻从业者在采编制作深度报道的过程中，实质上是在具体新闻采编理论指导下进行的，这种理论是业界编辑记者在一定时代背景下知识与经验的总和，是置于宏观层面的概念，它随着业务实践而不断与时俱进、更新发展，对整个新闻行业具有重要指导作用。这种新闻理论的指导作用体现在一定时期内编辑记者对事件线索的新闻价值与宣传价值的判断标准，记者深度报道采写的专业理念，编辑加工新闻作品与版面稿件搭配的原则要求等方面。与此同时，传媒技术的发展深刻影响着新闻报道与呈现方式。就深度报道而言，随着传媒领域各类技术的发展完善，融合新闻、数据新闻、众筹新闻、VR 新闻等众多新兴报道方式层出不穷，为深度报道创新发展提供了更加丰富和多元的技术支撑。

二、深度报道发展的内部动因

（一）媒体制度与编辑部场域

"制度（institution）"即行为规范，其实质是"集体行动控制个体行动"。在新闻传播领域，媒体组织的制度规范着新闻生产过程中的具体业务实践。深度报道同样是媒体制度运行下的产物，它受到媒体内部组织形态的多元压力，这些制度既有助于规范深度报道实践、纠正业务偏差，又同时给深度报道的生产带来了制度约束，对一些选题内容、采写方式、编辑手法进行具体规范，在业务操作层面划定条条框框，成为媒体组织自身对深度报道实现控制引导的基本方式，也是深度报道发展创新的制度动因。这种制度同样也管控着深度报道的生产周期，在采写过程中，深度报道被要求在明确的时间截稿，这对需要较长时间深入调查的深度作品无疑是一种时间上的督促与控制，在时间紧凑的条件下记者难以真正做到全面深入的采访，这给深度报道作品的生产带来了制度方面的影响。

"场域（field）"是法国社会学家皮埃尔·布尔迪厄（Pierre Bourdieu）建构社会学分析时提出的概念，他认为"一个场域可以被定义为在各种位置之间存在的客观关系的一个网络（network），或一个构型（configuration）"。在新闻传播领域，编辑部场域内的权力影响因素成为新闻生产过程中的权力实现起点。新闻专业理念被内化为编辑部日常运作的行为规范，媒体从业人员需要在这种潜移默化的政策环境中完成新闻生产，从而给新闻生产过程注入了中观层面的社会影响因素。如果把深度报道的生产置于编辑部场域中审视，我们可以发现，在基于媒体特定的文化氛围中，什么样的深度报道选题会受到编辑部"政策"的欢迎，什么样的采写方式、行文风格会得到业务上司的支持，这些都是能对深度报道实现控制的权力性因素，对一家媒体的深度报道发展方向具有基础性的导向作用。因而媒体组织内的编辑部场域中潜藏着深度报道的发展动因，我们不能忽视这种场域中的权力性影响对于深度报道发展的客观作用。

（二）深度报道的采编制作压力

在采编制作层面，由于深度报道的专业性特点，需要投入的采编精力较多，其创新发展还面临着专业制作层面的压力。这主要体现在编辑记者面对全新报道方式时的采编思维局限，在处理具体深度报道业务时的能力短板，以及媒体在从事深度报道生产时所面临的成本压力。由于深度报道的选题通常兼具重要性与导向性，关注的是建设发展过程中的热点问题与复杂现象，是编辑部重点打造的新闻产品，在确定选题、安排采编力量等一系列具体实施中都面临着业务压力。

深度报道对编辑记者的业务能力有较高的要求，深度报道记者通常都需要两到三年的成长周期，才能基本达到熟练驾驭深度报道业务的能力，优质的深度报道作品也往往出自经验丰富记者之手，一些调查性报道、特稿的采写更需要专业的业务能力与丰富的从业经验，因此这种新闻体裁本身就具有一定的业务压力。在新的媒体环境下，深度报道记者还需要进一步拓展能力，但许多新闻从业者受到思想观念与物质基础的限制，难以学习、掌握、驾驭新兴媒体报道技术，仍停留在传统媒体的深度报道生产模式上。在制作层面，深度报道还需要优化移动端传播效果，通过技术手段优化受众的阅读体验，这些制作层面的业务能力也是当前国内大部分新闻媒体相对缺乏的。

（三）深度报道从业者的现实束缚与职业意识

除前文论述的专业性因素外，深度报道从业者个体还在业务考评、自身定位与职业发展上面临着诸多现实束缚，这在微观层面控制着深度报道的生产状态。在现实业务实践中，许多新闻从业者面临着复杂的现实束缚，这在微观上制约着深度报道的发展与创新。从发稿难易程度来看，由于版面资源有限，新闻作品的篇幅（时长）与发稿难度往往成正比，如果不是编辑部的策划约稿，篇幅较长的深度报道刊发难度较大，许多新闻从业者不愿在这方面投入时间精力。这些现实束缚因素同样也在一定程度上对新闻从业者个体产生着推动力，一些希望能够在新闻工作中有所作为的从业者，会主动采写深度报道这样的"重头戏"，优秀的深度报道作品也会给记者自身"加分"不少，成功驾驭深度报道能够为新闻工作者来说更广阔的职业发展前景。

深度报道从业者除专业技能外，还应具有一种职业精神与新闻理想，借用美国文化人类学家克利福德·格尔茨（Clifford Geertz）的阐述，深度报道从业者"不从事味同嚼蜡的'浅描'（或称'报道'），而是擅长具有分析穿透力的'深描'；他们是专业人士（professionals），这不仅在于他们掌握了通过专门训练得到的技能，更在于他们具有服务社会全体、倡扬公共利益、献身社会福祉的精神，并有将这种献身精神渗透到日常工作之能力"。这种深度报道从业者的职业理想与价值追求，是社会意识在深度报道领域的具体体现，同样是影响深度报道演进发展的重要社会性因素。

第三章 新闻学的创新研究

第一节 数字新闻学的方法论

　　本节将文化研究作为研究路径介入新闻学体系的学术史，通过对新闻学和文化研究在本体论与认识论层面的关系的辨析，以及对一项为时两年、包括 106 个研究对象的系列访谈研究实践的呈现，探讨文化研究作为数字新闻学方法论的可能性和适用性问题。在数字技术冲击传统新闻体系、为新闻学的发展带来前所未有的不确定性的当下，将文化研究作为数字新闻学的方法论是一种能够兼顾新闻研究价值取向和可操作性的学术发展策略。文化研究与新闻学都属于有着明确民主价值导向的规范理论体系，在传统新闻学"元概念"受到数字技术的冲击而渐失合理性的当下，作为方法论的文化研究可以令数字新闻学理论体系更好地实现逻辑自洽。

一、数字新闻学的方法论危机

　　数字技术对新闻生产日趋深入的介入以及对新闻业形态的有力重塑，业已从基本概念和阐释框架等方面对新闻学的理论体系提出了革新的要求，使新闻学的研究陷入了"研究对象发生本质变化"的危机。对此，国际新闻学界从 2010 年开始，以《数字新闻学》（*Digital Journalism*）、《新闻学研究》（*Journalism Studies*）和《新闻学》（*Journalism*）等期刊为平台，展开了一系列深入的讨论。目前，有相当数量的新闻学学者提出应在数字化的语境下，对新闻学进行重新概念化，甚至认为"数字新闻学"是新闻学自新闻规范理论、经验主义新闻学、新闻社会学和全球比较新闻学之后的"第五大范式"。在中国学界，将数字新闻学作为一种新理论体系或理论范式的讨论还不多见，但也有探索性研究指出，数字新闻学的理论体系建设应在价值内核、核心概念、研究实践和批判理论四个维度上展开，并呼吁不同视角下的理论化路径的共同参与。

然而，与数字新闻学的理论体系建设相比，对于这一新范式的研究方法论的探索目前仍较为少见。尽管《数字新闻学》期刊于 2016 年曾推出一期特刊专门讨论数字新闻研究的方法问题，但其收录的文章大多局限于具体的"研究方法"（methods）层面，几乎未曾触及更加本质的"方法论"（methodology）问题。但正如有学者所指出的，既然数字技术导致的是新闻学本体论（ontological）的变化，那么这种变化必然要求研究者进行认识论（epistemological）的革新，以实现对新的新闻本体的准确理解。因此，对于数字新闻学来说，危机存在于方法论层面，而不是具体的研究方法层面。而现有关于数字新闻学研究方法的讨论，仍主要集中于如何采用更高级、更复杂的手段（主要是计算机辅助手段）去采集新形态的新闻文体的相关数据，始终未曾脱离经验主义新闻学研究的内容分析传统。这种回避方法论问题，仅从提升效能的角度进行具体研究方法的"更新"，显然不能与数字新闻学在当下的理论内涵与理论期望相匹配，致使数字新闻学在研究实践层面上始终脱离对于作为"生态"的数字技术的准确理解。

不过，在现有关于数字新闻学的方法论的讨论中，还是有学者提出应当着眼于数字新闻生态自身的规律，而不仅仅是增大数据容量、拓展可供分析的内容类型等具体效益需求。例如，比利时学者 Ike Picone 就指出，就具体的研究实践而言，数字新闻学关注的核心概念应该是"数字新闻用户"（digital news user）而不是新闻的内容，这是数字新闻有别于传统新闻的关键所在。当然，这并不是说在数字时代新闻的内容无关宏旨，而是意在强调"用户"的行为、态度和价值观对于我们准确认识数字新闻的本体而言更加"切题"。他进而提出了数字新闻学进行方法论革新的三个方向：第一，建立一种总体性的（holistic）研究路径以把握数字用户的新闻生产和消费行为的复杂纹理，并在这些行为与其他类型的媒介实践之间建立关联；第二，对研究方法的设计应该更多地指向数字新闻用户"使用"新闻的情境（contexts），而非它们所接受的具体内容（content）；第三，数字新闻学研究应当将与新闻活动有关的个体视为媒介的使用者而非传者或受众，进而将重点放在对人们的"新闻经验"（news experiences)的解释上。上述观点其实已经在很大程度上揭示了数字新闻学方法论创新的实质，即改变将新闻生产、新闻内容和新闻接受相割裂的传统新闻学研究思路，围绕"作为经验"甚至"作为生活方式"的新闻活动，探索一种总体性、阐释性的新闻研究方法论。

在克里斯·安德森（C.W.Anderson）等学者对数字新闻的理论化工作，以及 Picone 对数字新闻研究方法论体系的设想的基础上，本节认为，肇始于 20 世纪 60 年代的英国并在 90 年代完成国际化和主流化的文化研究，具备成为数字新闻学主流研究方法论的潜能。对于文化研究作为数字新闻学方法论的可能性和适用性的讨论，既有清晰的历史脉络，也有深刻的当下意义。

二、新闻学与文化研究的关系辨析

将文化研究的方法运用于新闻学研究的实践，其实从新闻确立自身作为学术研究对象的那一天起，就从未间断过。这种分析视角将新闻视作通过符号、故事和仪式为世界提供多维度意义、多元世界观的文化拼盘。在美国，这一传统主要由詹姆斯·凯瑞开创，并由迈克尔·舒德森、芭比·泽利泽、克里斯·安德森等人发扬传承，他们用"新闻生产的社会学""阐释社群""新闻生态"等概念，来强调以文化的思维来理解新闻过程的重要性。需要指出的是，美国的新闻学研究的文化路径，其实更多取法于文化人类学而非文化研究，这一路径将新闻业的文化视为一种有明确边界的、近似于部落式的文化，却并不十分关注文化背后的权力结构问题。不过，从源于英国的正统文化研究自身的学科发展历史来看，新闻一直是一个重要的研究对象。从20世纪70年代初开始，伯明翰学派的研究者们就十分关注新闻的生产机制和接受实践问题，他们基于对电视新闻的研究，产出了包括霍尔的"编码—解码"模型，以及对《举国上下》等现象级新闻节目的案例研究在内的大量杰出成果。这些研究目前已经成为文化研究经典理论的一部分。用约翰·哈特利的话来说，正是因为早期英国文化研究对新闻的关注，才使得新闻在欧洲乃至后来在美国，成为社会科学领域一个值得被重视的严肃议题。

新闻学和文化研究之间这种天然的亲缘性，源于两个学科在基本价值层面的相似性。对此，哈特利做出了两个方面的归纳。第一，新闻学和文化研究都关注技术在复杂社会形态下对意义的中介化过程，只不过前者主张通过新闻选择与报道的专业化实践达成这一目标，后者则主要通过对日常生活中的意义生产实践的探析来实现这一点。第二，新闻学和文化研究都有明确的民主价值取向，区别之处在于前者的整个实践体系建立在对平等的知情权的追求之上，后者则期望通过考察有关身份、权力和再现的各种斗争来追求文化平等。但与此同时，这两个学科又在理解和表述上述两种价值追求的认识论上存在着巨大的分歧，这种分歧集中体现在新闻学的发展是建立在对一系列"不言自明"的核心概念的常识化的基础之上的。在芭比·泽利泽看来，这些概念包括事实、真实和现实等；而文化研究的认识论则是历史的、社会的，以及政治经济的，反对不假思索地承认任何"常识"的合法性。换言之，文化研究的建构主义和相对主义的认识论，决定了其研究实践十分注重对语境化（contextualized）的主体性（subjectivity）和能动性（agency）的强调，主张通过个体对常识、权威和规范质疑的方式来推动理论进步，这就跟新闻学的客观主义专业意识形态有了巨大的冲突。

新闻学和文化研究的这种"亦敌亦友"的关系在两个学科的"关系史"上扮演了重要的角色。以新闻为研究对象的文化研究学术实践，自20世纪70年代起经历了由热到冷再到热的演变过程。不过，今天来看，文化研究最初对新闻学的热切关注，不过是将新闻视为理解文化权力、文化生产以及文化的社会影响的一个"强度案例"而已。这种研究由于并不注重对新闻自身规律的探讨，而只注重解释新闻与社会、文化和权力之间的联系，最终导致了两者的"决裂"。也就是说，在文化研究几乎无所不包的研究视野中，新闻根本不具备不可取代的价值，它作为意义的生产和流通机制，与好莱坞电影、通俗小说和流行广告没有什么本质的区别；而新闻作为拥有自己类型学和叙事传统的公共文化档案所具备的理论潜能，也很快就在密集而程式化的文化研究实践中消耗殆尽，这体现了文化研究在理论发展初期的"傲慢"。

从20世纪80年代开始，无论"新闻学"还是"新闻"都几乎在文化研究的学术建制中销声匿迹，新闻消融于"媒介文化"。用泽利泽的话来说，在文化研究的视野中，"新闻学失去了其单数形式"。而在20世纪90年代，新闻学界（尤其是新闻教育界）更是出现了旨在批判、抵制文化研究影响的激烈论证，最具代表性的事件就是发生于 20 世纪 90 年代中后期澳大利亚的"媒介战争"。在这场新闻学和文化研究的著名冲突中，以 Keith Windschuttle 为代表的澳大利亚新闻学学者措辞严厉地指出文化研究令新闻学尤其是新闻教育陷入了毫无希望的相对主义，甚至提出应当将一些当时有影响力的文化研究学者清除出新闻教育界。新闻学者 Martin Hirst 甚至在一篇文章中指名道姓地点出在澳大利亚新闻学领域颇有影响力的文化研究学者约翰·哈特利，称自己"简直想要扼住哈特利的喉咙，像摇晃一只受伤的动物一样摇晃他"。这种近乎人身攻击的敌视令 Graeme Turner 感慨："文化研究到底对新闻学做了什么，竟招致这样巨大的愤怒?"

对于学术史上这场新闻学向文化研究"发难"的著名"战争"所体现出的情绪化和个人化色彩，我们暂且不予置评。这一冲突之所以发生在澳大利亚而不是其他国家，在很大程度上也源于文化研究在澳大利亚社会科学学术体系中较高的地位与较大的话语权。但"战争"之所以会发生这件事本身，揭示了新闻学和文化研究之间存在的认识论分歧，其实关系到了学科存在的合法性问题，尤其是新闻学和新闻教育（作为公认的"学术性不够"的弱势学科）的合法性问题。简单来说，若如文化研究的相对主义认识论所示，否定"真实""客观"等概念的"不言自明性"，则新闻学和新闻教育将不复拥有专业理念内核，新闻生产不再是为专业人士所共享的知识体系，新闻从业者也不再是被特定技能所界定的职业身份。在新闻传播的技术和新闻业的形态没有改变的情况下，除非新闻学研究和新闻教育之间天然、牢固的纽带不复存在，否则文化研究的建构主义和相对主义始终都会是主流新闻学所警惕的认识论、方法论。

对于主流新闻学界的指控和批判，文化研究的学者们也提出了自己的抗辩——尽管是以比较温和的方式进行的。约翰·哈特利即指出，文化研究之所以可以作为新闻学的方法论，在很大程度上因为新闻学的发展背弃了其最初的民主化承诺。他认为，新闻学学科体系的发展建立在新闻职业化（professionalization）的基础上，但新闻职业化的历史进程却受制于传播技术的发展，且始终以机构的形式存在。例如，电视新闻职业的形成依托于电视媒介的传播技术，可这种技术既十分昂贵，又有极高的准入门槛，那么电视新闻职业就必然要以"电视台"这样的机构为形式存在。在这种情况下，若只关注新闻自身的选择标准、从业规范、操作方法和专业主义，并坚称新闻为追求公民知情权和个体信息自由而存在，却忽视电视台作为机构的利益诉求和"企业文化"，岂非自欺欺人？所以，新闻学期望不借助"外力"而实现的"自足式发展"，不过是为了将新闻业塑造为一个排他的"族群"（ethnicity）而已。新闻学界长期无视机构媒体（及其背后的资本和权力）的利益，通过大量琐碎的研究去不厌其烦地区分新闻业的"内部人"和"外部人"，这种过度的职业化学术生产策略已让新闻学走上了反民主的道路。用赫伯特·甘斯（Herbert Gans）的话来说，新闻学总是用"看门狗""第四权"这样的隐喻来彰显自己作为民主过程"代议者"的身份，但在机构化的形态下，"代议"的新闻学就像"代议"的议会政治一样，已在很大程度演变为脱离社会现实的空洞话语。哈特利进而提出了"作为人权的新闻学"（journalism as a human right）的口号，其意在表明新闻学的发展始终不应背离其民主价值初衷。

而在美国，新闻学文化研究路径的代表人物泽利泽则从另一个方面提出，促进新闻学和文化研究的融合，其实对于文化研究走出自身的"舒适区"、实现理论范式的突破也有重要意义。她认为"新闻学或许是一个可以帮助文化研究以优雅和宽容的姿态迈入成熟期的研究领域"，盖因新闻学对"真实性"近乎顽固不化的坚持，可以促使文化研究对其相对主义、建构主义认识论近乎顽固不化的坚持进行反思。而事实上，文化研究路径下的新闻研究也从未否定过"真实性"的客观存在。将文化研究概括为一种纯粹的建构论，其实是一种过于简单化的理解，更准确的说法应该是"语境论"（contextualism），即主张研究者关注包括真实性在内的各种不言自明的"真理"被界定和理解的社会条件。

三、数字化对新闻学研究方法论提出的新要求

我们在前文深入辨析了文化研究作为新闻学方法论的历史脉络、观念基础，以及在这一过程中呈现出的认识论冲突。体现在具体的研究实践中，文化研究和主流新闻学关于新闻的认识论存在两个难以调和的矛盾。第一个矛盾是关于新闻活动主体身份的。简单来说，文化研究不赞同主流新闻学的"职业化"研究取向，认为这一取向在分隔"新闻职业"和"非新闻职业"的同时，也默许了一部分人理应拥有排他性的信息生产权和传播权的现状，这与新闻学的价值根基相矛盾。一如 Hargreaves 所说的："民主就该让每一个人都是记者，每个人都应该拥有传播一个事实或一种观点的权利，无论这事实多么琐碎，这观点多么丑陋。"第二个矛盾则体现在新闻业的媒体机构属性上。在文化研究的视角下，主流新闻学对专业主义、新闻价值、新闻生产、新闻伦理的讨论，其实都建立在默许新闻媒体机构存在的合理性的前提之上，这实际上也就相当于认可了机构力量（及其背后的资本和权力）界定、规训乃至垄断信息权的合法性。在传统媒体时代，上述矛盾几乎是不可调和

的，毕竟新闻学没有能力改变支撑其存在的政治经济基础，也绝不愿意通过拥抱建构论而否定自身的历史。而正是由于无法在逻辑上澄清自身体系的内在冲突，新闻学长期在社会科学学术体系中居于极为弱势的地位，如哈特利所描述的："如果你读新闻学的著作，会发现里面写的大部分都是政治的内容；而如果你读政治学的著作，则会发现书里对新闻的描述无比粗糙，透着满满的轻视……新闻学成了认识论领域的无主之地。"

然而，数字技术的发展及其在新闻业的普及打破了这种僵局。一方面，尽管我们今天所讨论的"数字技术"拥有很多类型，其对新闻内容和新闻活动的影响也各有差异，但在生态的（ecological）层面上，新闻的多种数字化路径其实共同指向了一种在形式上更加民主的、空间式的（spatial）传播结构：新闻从业者和新闻受众边界的模糊、新闻机构的层级结构日渐瓦解、新闻类型与文体的多样化、新闻标准的多元化等。这些新的结构特征，无不在破坏传统新闻学为自身所设立的认知边界和专业传统，令建立在真实性和客观主义基础上的规范性观念系统出现严重动摇。对于新闻的研究，越来越具有流动性和语境化的特点，甚至有学者提出应该建立一种"新闻生产研究的动态学"，以探索在变动不息的数字网络中描述和解释新闻的方法。另一方面，专业主义的瓦解和传统新闻机构人文导向的专业文化的退场，也令数字新闻的文化日益附丽于主导数字技术发展的技术乌托邦主义（techno-utopianism）话语，并呈现出价值极化（polarization）和民粹主义（populism）的倾向。由于传统新闻学理论话语的匮乏，新闻学者只能在缺乏总体性研究框架的情况下，将这种破坏性的新闻文化从字面上解读为一种微观形态的"直接民主"。这显然是在忽视数字信息环境与宏观全球政治与文化之间关系的情况下，做出的非语境化的、与现实完全脱节的错误结论。传统新闻学的方法论危机在数字新闻时代变得更加紧迫了。总体而言，新闻生产的去媒体（机构）化、新闻从业者与新闻受众边界的消解，以及数字技术的生态性影响带来的价值极化问题，进一步凸显了新闻学研究的方法论危机。从数字新闻业发展的种种当下特征来看，有两个任务迫切需要新闻学的研究实践来完成。第一，对数字生态下的新闻生产、流通、接受的状况做出准确的描述和解释。这项工作是一切新闻理论建构的基础，但实际上远未完成。如前文所述，由于数字技术导致了新闻业身份边界的消解和机构文化的退场，原本泾渭分明的"5W"框架已不再有意义，如何以一种新的学术话语体系来"再现"新闻和新闻业，是新闻学界无法回避的问题。这表明 Picone 对新闻学方法论革新方向的判断是正确的：数字新闻学研究的方法论应该是总体性的、解释性的，这就要求研究者深入到新闻生产、流通和接受的具体情境中，通过观察与互动等手段，对新闻和新闻业的生态做出原始的记录。第二，在理论的维度上，探索具体的新闻活动与特定的价值观之间的关联。如果说传统新闻学对于学术体系与民主价值追求严重脱节的状况"视而不见"，尚属为捍卫自身（本已脆弱）的学理价值而采取的不得已之举，那么在当代新闻业于数字技术的价值虚无偏向的影响下全面呈现出极化、民粹主义、反公共性特征的情况下，新闻学的研究便绝无理由再回避对自身所终极追求的民主价值的界定和申明。毕竟失去了旧的研究操作性传统的新闻学仍然可以在新技术的支持下建立新传统，但放弃了温和的、公共性民主价值追求的新闻学则将彻底丧失自身在社会和思想进程中（原本就处在危机中）的独特地位。

不难发现，数字新闻学要践行上述两个使命，除对理论体系（本体论）的建构外，也需要方法论（认识论）的革新。而文化研究作为一种追求对日常生活中的指意实践进行总体性理解，对支配观念和行为的结构性因素进行反思，同时有着对于温和文化民主的明确价值追求的"祛魅式"研究路径，也就迎来了参与新闻学学术体系发展的新契机。简单来说，以文化研究为方法论的新闻研究实践可以以如下三种方式进行：以民族志（ethnographic）的探析方式描摹并解读新闻活动中用户/能动者的意义生产与交换行为，进而在总体上把握数字化新闻网络（news network）的运作机制；在对新闻活动参与者的行为和观念的解读实践之中，不断自下而上地归纳数字新闻学的基本观念，建构数字新闻学的概念框架；通过对文化政治与文化经济的结构分析，探索数字新闻学的批判理论维度。

接下来，本节就从笔者用大约两年的时间完成的一项针对数字新闻从业者和数字新闻用户的系列访谈研究出发，尝试通过对自身研究经验的归纳与反思，来探讨文化研究作为数字新闻学方法论的适用性（applicability）问题。

四、数字新闻学的文化研究实践

从 2016 年 2 月至 2017 年 12 月间，笔者针对数字新闻学的不同研究议题，对美国、英国和瑞士三个国家共 106 位数字新闻机构员工（84 位）和数字新闻用户（22 位）进行了共 8 项半结构或无结构的深度访谈研究。这些研究的结论主要服务于笔者对"数字新闻学"的理论和学科体系进行建构的意图。由于篇幅限制，本节不对这一系列研究的具体过程进行介绍，而仅从文化研究作为数字新闻学方法论的适用性的角度，对研究的经验做出归纳。

首先，文化研究主张"穿上他人鞋子"的参与式甚至介入式的研究方式，令笔者有效地完成了数字新闻学体系建构的工作，从而自下而上地归纳出对数字新闻学进行理论化的六个主范畴概念，包括生态、内容生产、责任、情感、价值、重建，以及四种话语构型，亦即未来数字新闻学理论体系的核心维度，包括数字技术、新闻生产主体、新闻情感网络、新闻业的价值追求。由于采用了文化研究的方法，这些经扎根理论得出的本土概念，完全源于对新闻活动主体（包括有机构身份的新闻从业者和普通新闻用户）的新闻活动、新闻观念和新闻认知的解读。这种由不同类型的新闻行为主体协同生产出新闻学基本概念框架的理论化方式，与数字新闻业日益扁平的信息传播结构是相匹配的。简单来说，由于非机构的新闻用户在新闻生产与新闻意义解读的过程中拥有越来越大的发言权，因此他们的"数字新闻经验"对未来新闻学的理论建设来说，也就是不可或缺的。同理，在这一逻辑下，新闻伦理也不再仅仅是对机构新闻从业者的排他性要求，而是成为所有新闻活动主体的行为准则，一如哈特利所指出的：当我们将新闻视为一种"人权"而不是一个职业，所谓的"新闻伦理"也就变成了一项公民素养。拥有深厚的"参与式生活经验研究"的文化研究方法，是我们在传统的、职业精英化的新闻概念框架被数字技术破坏以后进行新闻学术体系重建的有效工具。

其次，文化研究方法追求对结构分析和身份研究的兼顾，而这两者恰好是数字新闻学的方法论亟待革新的主要原因。传统新闻学固然没有忽视对这两个问题的考察，如新闻社会学便在新闻机构研究和新闻从业者身份研究领域产出了大量有价值的成果，但这种考察始终无法完全摆脱信息论的功能主义色彩，更倾向于将个体身份与机构文化视为有互动关系的两个系统，而非相互依存、相互建构的观念共同体。在这项系列研究中，为了厘清数字环境下新闻从业者的身份认同究竟发生了什么样的变化，笔者对包括报纸、电视、广播和新闻网站在内的多种新闻机构的从业者进行了深度访谈，借助文化研究中的身份认同理论，最终提炼出包括"作为技能的职业认同""基于媒介形态的职业认同"和"作为意识形态的职业认同"三个分析维度的框架，并在此基础上提出了新闻从业者的身份认同经历了从"客观/专业主义"和"自由/自主性"话语向"责任/公共服务使命"和"克制/道德标准"话语的转型过程。这种将机构文化和个体行为的互动过程置于考察中心的研究路径，避免了割裂式地谈论新闻媒体的变迁和新闻从业者的观念，其目的依然在于提供一种对新闻业进行理论化的总体路径。

最后，文化研究在方法论上从未追求过纯粹的客观性和中立性，文化研究方法本身就是价值导向的，因而也就能够很好地服务于数字新闻学理论对价值极化进行反思的需求，和对民主价值观重建的追求。这是文化研究可以作为新闻研究方法论的重要前提。正如 Graeme Turner 所指出的，新闻学和文化研究"有一个共同的道德准则，那就是对民主化的公民身份的建设"。而哈特利则以一种更有修辞效果的方式声称，新闻学和文化研究都对人类生活的阴暗面，以及人类为了所谓的进步而付出的代价有共同的兴趣。只不过，传统新闻学对民主价值的追求集中在程式研究（如新闻生产的社会学）和规范研究（如新闻伦理与规制）上，当这种程序和规范与新闻的民主追求之间形式上的关联被数字技术摧毁，新闻学便不得不面对没有价值根基的程序民主不过是伪装的价值虚无主义这一事实。因此，长期致力于对文化生产和文化标准的各类合法性程序进行政治祛魅的文化研究路径，就拥有了介入新闻学体系建设的认识论基础。正是在使用文化研究方法对新闻活动主体的共享价值观和价值期待进行了深入解读后，笔者才提出了以"价值重建"作为数字新闻学理论体系建设基本宗旨的理论化路径，这将为新的数字新闻学体系补充在传统新闻学里长期缺失的批判理论。

综上所述，本节通过对新闻学和文化研究在本体论和认识论层面关系的辨析，以及对文化研究作为研究路径介入新闻学学术体系的历史考察，首先从观念层面厘清文化研究作为数字新闻学的方法论的可能性问题。紧接着，本节又对笔者用近两年时间围绕"数字新闻学理论体系建构"展开的、包括 106 个研究对象的系列访谈研究经验进行归纳，探讨文化研究作为数字新闻学方法论的适用性问题。

经分析，笔者认为，在数字技术冲击传统新闻体系、为新闻学的发展带来前所未有的不确定性的当下，将文化研究作为数字新闻学的方法论是一种能够兼顾新闻研究价值取向和可操作性的学术发展策略。也就是说，"文化研究作为数字新闻学的方法论"既是可能的，也是适用的。这种可能性和适用性既源于文化研究和新闻学在本体论上所共享的一系列基本观念，也建基于新闻业在数字技术的冲击下所面临的重重认识论危机。

本节的分析表明，文化研究的相对主义思路并不必然以解构新闻的真实性和客观性为研究手段，而更多是主张对塑造了"真实"和"客观"概念的历史条件进行总体性的考察。文化研究与新闻学都属于有着明确的民主价值导向的规范理论体系，而新闻学原本职业化、精英化的理论化方式让很多研究者有意无意地忽视了这一点，这就在方法论意义上导致了新闻学的理论贫困。传统新闻学的诸种"元概念"在数字技术的冲击下渐失合理性的现实，为文化研究作为方法论重新介入新闻学的理论体系和学术实践提供了一个新的契机，它完全有可能在质疑濒临破产的客观主义（不是"客观"概念本身）认识论的基础上，令未来数字新闻学的理论体系更好地实现逻辑自洽，以更加有力的方式为人在数字时代的信息生活提供解释。

第二节 传统新闻学发展的技术

在当代生活中,群众往往通过电子信息设备了解时事新闻。社会上的媒体发展开始走向新媒体形式,传统新闻学的发展受到影响。本节对传统新闻学的发展现状进行分析,对创新编排技巧、发挥电视新闻节目作用等方面进行深入探讨,希望能为相关人士提供有效参考。

传统新闻以时政新闻作为主要播报内容,在以往生活中,是传播国家大事以及政治报道的主要媒介。但是近几年因为科学技术的进步,传统媒体受到新兴媒体的冲击,难以维持自身发展,传统新闻行业需要不断改进自身技术,才能够实现长期稳定的进步。

一、传统新闻学发展现状

现阶段,传统新闻以电视台为主要的传播媒介,由于长期的历史发展,在电视台播报的新闻具有权威性,能够引导大众的思想和价值观念。与国外的新闻行业相对比,我国的新闻媒体行业总体发展较晚,另外,因为移动终端设备的普及,大众被新型的媒体形式所吸引,中国的传统新闻媒体行业总体发展态势不佳。目前,传统新闻学发展较为缓慢。传统媒体想保证自身的运行,就需要针对当前形势开展一系列的改革措施,从而保障整个行业的全面发展。另外,传统新闻学自身弊端较多,影响到其发展,为缓解此类状况,工作人员应及时分析当前的社会形态,通过调节自身的发展形式和运作模式,保证整个行业的运作。

二、提升传统新闻学发展技术创新的措施

创新编排技巧。有关工作人员在播报前期,应当强化对播报内容和多种

细节的筛选，科学编辑信息，运用更加现代化的方式，重新整理信息媒体编辑工作，从而改善传统新闻行业的发展路线。另外，节目的工作人员需要研究新型媒体的播报形式，并吸取其优势和特点，取长补短，合理运用播放形式，增加和观众之间的互动，从而在编排环节上，提升总体质量。例如，某电视台在一档节目的编排环节中，针对自身发展问题，进行编排方面的改善，其中详细参考相对应的新闻供应情况，根据实时动态，把握具体的修订细节以及节目录制进展，增加与观众的互动形式。在新闻媒体播报之后，主持人会发起一个话题探讨环节，观众可以通过发短信或者在官方的平台留言的方式，参与节目话题的讨论。此类形式能有效提升大众对节目的关注度，有利于提高节目的运行质量。传统新闻学播报信息被延伸的同时，价值也会被激发到极致，促使整期节目更加新颖，具备创意性，将文化的丰富内涵全方位地呈现给观众。

发挥电视新闻节目作用。传统新闻媒体最主要的特征就是其自身的权威性以及引导性，在将外部信息全方位、真实地呈现给观众之后，增加思想引导的环节，促使观众在吸收外部信息的同时，能够加强思想观念建设，提升总体的思想境界。传统媒体也因为此种优势，成为国家政策的主要宣传媒介。基于此种优势，传统新闻播报应当强化自身的总体建设，将实质性的作用充分发挥，保障大众的价值观念可以规范在正确的思想道路上。因为当前数据化媒体发展迅速，在新闻环节中，含有大量的虚假新闻，严重影响大众的判断，部分新闻内容的主观性较强，往往是有幕后工作人员的蓄意"包装"，增加多种容易引人瞩目的环节，不仅能够干预大众的思想方向，还会促使整体价值观的导向发生变化，不利于社会的进步。传统新闻学应当加强自身建设，积极发挥自身余热，从而引导大众树立正确的价值观念。例如，主持人在播报之后，需要增加一些自己的见解，并尝试采用多种形式和观众进行探讨，使大众可以通过主持人的引导正确理解新闻信息，在此过程中，新闻学的价值就会被提升到全新的高度。

虚拟成像技术以及传统新闻学。一般情况下，当地的新闻报道环节因为受到节目的限制，不能开展实地走访调查活动，仅仅以语言以及文字转述的形式对其进行报道。此种方式容易使整体信息的传递出现缺失，不利于传统新闻行业的发展。在此过程中，大众对新闻信息的理解受到阻碍，相对应地对问题的剖析存在偏差，对部分信息产生疑惑，从而产生分歧。工作人员需要针对此种状况进行全面分析，积极改善，利用全新的节目形式，提升传统新闻的播报质量。采用虚拟成像技术能够有效解决上述问题，此种技术主要是在现场建立一种情景模拟，采用三维动画以及平面讲解的先进技术，恢复新闻事件的真实面貌，有利于大众对细节的理解。以刑事案件分析类节目为例，因为案件发生状况较为复杂，其中会涉及多处细节，并且大众对相关的知识欠缺理解，以至于实际的讲解效果不佳。此项技术能够保证大众在主持人的详细讲解之下，了解事件的全貌。

结合大数据发展优势。传统新闻往往会采用电视新闻播报的方式进行大面积传播。新媒体出现之前，大众都是通过报纸、电视等传统媒介获知外界的信息，这是在当时社会具有权威性的播报形式。传统新闻的编辑人员需要重新审视当前的社会变化，积极调整自身的运作模式，运用更加新颖的播报形式增加被关注量。数据技术正在朝向全新的境界发展，应用它能够保证新闻播报媒体高质量的发展。大数据技术的使用将保障传统新闻学具备科学、高效以及创新的优势，缓解传统新闻内容推送过程中缺少针对性的缺点，大数据技术推广应用，有利于对利用多种媒体形式运行的内容的大面积推送，经过系统的分析，详细筛选相对应的数据信息。另外，大数据技术和传统新闻学的有机结合，可以在第一时间了解观众对节目内容的喜爱程度，从而有效地调整节目运行模式和内在构成比例。

综上所述，虽然传统新闻学自身受到环境因素的限制较多，但是工作人员需要根据实际的环境情况，采用技术革新的方式，分析新媒体技术的优势，并应用在传统媒体播报过程中，从而全面提升新闻质量，推动新闻行业的总体发展。

第三节 新闻学学习的必要性

新闻学属于社会科学的范畴，其指的是研究新闻活动规律以及新闻现象的科学，重点对新闻事业产生发展及其运行的规律进行研究，同人类社会以及生活各领域均存在相互关系。由此可以看出，新闻学作为社会科学，其重点是对当今新闻事业以及同人类社会各领域的相互关系进行研究，具有十分明显的指导作用。新闻事业作为日常新闻活动的载体，同人们的日常生活存在紧密的联系，因此，本节首先分析了新闻学学习的理论知识和实践意义，进而阐述了新闻学学习的必要性。

一、新闻学学习的理论知识和实践意义

（一）理论知识

新闻专业的学生需要从宏观层面对新闻学概念形成一个直接且清晰的理解，进而慢慢探索新闻事业背后存在的规律，其需要积累的理论知识包括以下三个方面：对新闻价值的含义以及中西方观点有充分的掌握，培养出良

好的新闻触觉，进而在实际生活中发现新闻线索；就新闻研究者以及新闻接收者而言，细分传播者的职业定位以及接收者的受众市场具有重要意义，其能够为新闻从业者开展职业选择提供参考，为媒体发展提供依据；介绍发展状况、功能以及性质等同新闻事业相关的情况，为新闻事业提供理论指导。

（二）实践意义

1.奠定日后新闻学研究的理论基础

理论知识的学习在一定程度上能够给实践提供指导，新闻专业的学习在学习完理论知识后，能够为今后的学习及工作提供一定的帮助。人们不断地更新和探索各个学科的研究，新闻学作为一门独立学科同样也不例外。每年都有许多人用大量的时间开展新闻学研究并已取得一定研究成果，由此可见，学习新闻学理论知识具有重要的意义。没有根茎的大树无法抵挡强风暴雨的侵袭，没有理论基础的学习和研究无法获取让人欣喜的收获，换句话说，只有夯实知识理论基础，才能够取得成功。新闻学研究能够进一步深入的基础是新闻学理论，只有认真地学习并充分把握新闻学理论，才能更好地开展研究。

2.指导新闻实践活动

充分发挥创造性思维可为新闻实践活动的开展提供指导。从新闻活动表面上看，包括查找新闻线索、采访、写作以及报道等，基本上的内容差不多，均需要借助一定的媒介手段，但其表现形式存在较大的差异性，而整体思路却极为相似。存在名记者差异、名主持人差异、新闻稿差异、报道内容震撼性差异等原因，其实是新闻人是否能够采用新闻理论夯实自身基础，并在其所参与的新闻活动中结合自身理论，开展创新活动，善于挖掘有深度的新闻点，进而达到吸引读者的作用。思维创新的理论基础能够给原有工作者开展工作创新提供帮助，并为新闻工作增添色彩，以形成新闻人独特的个人风格。

3.培养新闻鉴别能力

学习新闻学能够培养新闻人的鉴别能力，主要包括借鉴其他学科的成果、国内外新闻理论以及实践态度等。新闻学属于一门杂学，而新闻人则是杂家，其报道的新闻不仅符合新闻报道要求，而且需要新闻人不断地对自我进行完善。掌握一定新闻理论基础后，需要培养有效地借鉴其他学科知识成果并将其充分利用的能力。伴随着时代的发展，各学科取得了显著的发展进步，多种学科成果纷纷呈现在人们的眼前，我们应该将这些学科成果充分利用，借助于自身的新闻敏感度开展选择判断工作，进而提炼出更具有新闻价值的新闻素材。

二、新闻学学习的必要性

（一）培养良好的职业精神

无论从事何种职业，良好的职业精神以及对工作的敬畏之心更容易被人们所接受，这一点在新闻行业中表现得尤为明显。良好的职业精神培养成为新闻学习的必要条件，优秀的新闻从业者需要具备以下三点职业精神。其一，遵守新闻真实性原则。新闻从业者要保障自身所报道、编写和采访的新闻内容同真实情况之间存在一致性，不应擅自篡改，造成虚假或者欺瞒报道事件。其二，实地调研后整理新闻事实。从专业角度对所调研的事件给予评价，不能在新闻稿件中私自带有自身的情感体验和好恶感觉，防止对公众造成误导。其三，保持自觉的社会责任感。新闻工作者最为重要的一项工作便是及时地向大众传播信息，以便大众能够获取有用的东西，新闻人的宗旨和目标是为社会做出贡献和提供服务。并不是所有人均具有上述所提到的精神，想要达到上述境界，一方面需要经过专业性练习，另一方面需要经过长时间的积累，在不断学习和积累的过程中对新闻工作形成正确的理解。

（二）培养良好的职业素养

同职业精神一样，良好的职业素养具有同样重要的意义，如同一个具有良好品德的人，良好职业素养应该是合格新闻人所具备的基本条件。专业素养由知识素养、思想素养以及理论素养三个部分构成，新闻专业学生进行上述素养的系统化和专业化学习，进而有效地甄别新闻信息，在事实基础上开展判断和思考，进而生产出高品质的新闻作品。良好职业素养培养同专业技能之间是相辅相成的关系，职业素养的学习并不是一蹴而就的，既需要一定时间的积累，又需要一定的坚持和努力。

（三）培养良好的职业技能

在日常工作过程中，新闻从业人员考察、收集新闻信息，并将新闻信息编辑成文章，在一系列活动中需要运用到的基本技能以及专业行为，被称为是专业技能。专业技能培养是成为一个合格新闻人必须经历的过程，且是成为合格新闻人的重要部分。就新闻人的专业技能而言，其主要包括下面两个方面：其一，极强的新闻敏感性。新闻敏感性要求新闻从业者在第一时间内感知和体悟新闻事实，这也可以被称为是一种发现事物内部价值的能力，此类能力并不是所有新闻从业者一出生便存在的，其需要经过后天学习予以打造，并在实践过程中不断地得到训练，且受到了个人因素、新闻技巧运用和掌握差异性的影响。新闻工作者专业技巧以及能力经过长期的专业学习之后才能够掌握，同普通大众相比，只有经受了专业性的训练且具备一定敏感性的人员，才能够在事件发生的短时间内有意识地采取不同方法对有意义的情形和画面进行记录，由此可见，新闻敏感性对于新闻工作者而言是特别重要的。其二，客观的新闻表达能力。客观的新闻表达能力指的是采取有效方式，通过采集和编辑新闻信息的方式客观地传达新闻事件的能力。其要求从业人员过滤并选择新闻信息，从某个角度开展信息的加工处理工作，其关键在于采取有效的方式将信息的重点予以展示，在文章结构的布局以及语言措辞的选择、叙述方式的选择等方面，均需要采用一定的技巧。客观的新闻表达能力并不是所有人都具有的，也不是凭空而来的，新闻专业的学生在校学习时期，经过老师的指导后获得显著地进步。同时，学生需要在学习的过程中，将自己的能力发挥到最佳的状态，不断地对自己看待问题的广度以及深度予以培养；多多思考、善于总结、不断吸取别人的意见，再经过长时间的学习和积累，充分地对自身能力予以锻炼，不断强化自身的综合素质，进而为成为优秀的新闻工作者奠定坚实的基础。

拥有专业知识的人能够在岗位上发挥多种优势，主要是因为此类人员经过系统性学习之后，对自身的职业定位、工作态度以及职业精神有明确认知，拥有专业知识以及专业技能后，能够在岗位上做出更好的成绩。新闻学专业学习具有重要意义，新闻工作中拥有基本职业精神并肩负社会责任，要求新闻工作者在社会发展中贡献自身力量。充分发挥新闻工作者的专业素养，透过新闻事件表象看本质，选择并挖掘新闻事件的内在价值，进而呈现出最好的新闻效果。

第四节 基于大数据的新闻学

当前，大数据深深影响着人们生活和工作中的各个方面，对新闻业来说同样如此。本节从大数据的定义和特点出发，分析了大数据对于新闻传播的影响，并提出大数据如何形成相应的新闻观，为广大新闻工作者提供参考。

随着社会经济的快速发展，大数据被应用到众多领域。大数据技术就是从巨大的数量、复杂的结构和类型的数据里，迅速找到有价值信息的能力，它已成为社会各界以及国家政府所持续关注的热点。大数据时代的来临，给人们的思维方式带来了巨大的改变，影响着人们的工作和生活。

一、大数据的定义和特点

大数据指的是所要涉及的数据量规模巨大到无法通过目前主流软件工具，在合理时间内达到截取、管理、处理并整理成为帮助企业经营决策具有更积极目的的信息。大数据有以下四个特点：一是"大"。大数据里蕴含着巨大的、可利用的多样化数据集。目前，一些发达国家的科研机构、跨国集团甚至军事力量都已将大数据作为获取有效信息的重要来源，调整和部署战略决策的重要依据。二是"快"。"快"主要指的是更迭速度越来越快，数据的时效性越来越短。作为网络时代最具代表性的新媒体和社交工具，其信息传递方式呈现出裂变式传播的特点，并且其创造和产生的数据信息量以几何速度不断增长。三是"多"。"多"指的是大数据的种类繁多、渠道多元。其"多"不仅体现为数据的源头多，数据的形式也非常多元，有报纸杂志、广播电视、音乐电影、网络通信等，还包括在观、听、感上所接受信息的感官方面。四是"散"。"散"指的大数据的价值分散、零乱，虽然大数据以其不可估量的科学价值和社会价值推动着各领域的快速发展，但是其海量信息导致了高噪声和低价值密度，有用数据和无用数据混杂在一起。面对大量碎片化的信息，分散、零乱的数据，如何梳理、分辨、分析海量数据，如何挖掘确实能为我所用的数据资源，都需要我们的深思和探索。

二、大数据对新闻传播的主要影响

颠覆了传统新闻表达形式。传统的新闻大多通过纸质媒体进行传播，并以文字加图片的方式表达。大数据颠覆了传统新闻的表现形式，通过手机、电脑等载体，对新闻事件进行直播或动态发布，给人们带来更多的视觉和听觉感受，人们也更加乐于接受"短平快"的新闻传播模式。

强化了与新闻传播的交互关系。大数据使人们对新闻的利用和分享有了更加便捷的平台，传播可以实现可视化、便捷化，新闻内容也变得动态化、具体化。大数据为新闻和受众建立了一座彼此联系的桥梁，交互式的影响使用户之间可以通过非常便捷的方式分享新闻，也可以通过选择自己感兴趣的标签选择相应的新闻，加强了新闻工作者和受众之间的沟通与交流，实现了新闻的个性化与定制化。

产生了数字化新闻和新闻传播。大数据技术一改传统的新闻采访、获取、编辑、传播等方式，使得新闻传播更加便捷。大数据通过对数据进行加工，对新闻起到了更加有说服力的作用，加之新闻的原始线索，可以加强对同类事件的预测和防范，还可以将网上的新闻数据作为采编素材，加快了数字化新闻的推进。在新闻传播方面也加快了数字化建设，电子化阅读越来越受到人们的喜爱，这对新闻传播来说，也是一个全新的挑战。

三、树立正确的大数据新闻观

树立大数据思维。大数据新闻将整个社会的政治、经济，以及生活中各种资源和资本作为数据源，更加强调数据的重要性。对于新闻来说，不仅要做好新闻传播，还要对社会中的新闻事件进行社会化解读以及前瞻性分析，大数据为完成此项工作提供了重要的条件，这也是传统媒体一直追求却无法实现的，所以新闻工作者要加强对于数据分析重要性的思想认识，善于分析和利用大数据。

加强与受众互动提升新闻价值。新闻工作者应该紧密结合大数据技术，加快新闻数字化发展。随着社会信息数据化的程度不断加深，互联网中出现了各种社会的主体，丰富了的新闻线索和信息。在传统媒体的发展阶段，新闻工作者与受众是彼此分离的，或者通过新闻发布的方式将信息传输给受众，受众也只能被动地接受新闻。而大数据背景下，新闻工作者和受众可以有效地进行沟通和交流，新闻发布不再仅仅是新闻工作者的专属权利，受众可以通过自媒体发布新闻，这些信息将成为新闻工作者的重要新闻线索来源，以此提升新闻的价值。

利用大数据技术加快新闻数字化发展。新闻事业数字化发展是将来社会发展的一大重要方向，因此新闻工作者必须学习和利用大数据技术，提升新闻工作者的网络素养和信息技术知识，树立起大数据思维，加快业务学习，推动新闻数字化发展。

大数据给新闻事业带来了严峻的挑战，同时也赋予了新闻更多的可能性和机会，新闻工作者必须时刻树立大数据思维，加深网络和信息技术的学习，学习和利用大数据技术，加快推动新闻事业数字化发展，以适应时代需求。

第五节 创业新闻学

近年来，随着科技和媒介生态的变化，新闻的传播方式正在经历着翻天覆地的改变。在不少国家，传统媒体的发展遭遇了前所未有的低潮，使得大量媒介从业人员面临着前所未有的挑战。在此背景下，一些新闻专业的专家提出了创业新闻学的理念，试图在新闻人才培养的过程中加入新的内容，以帮助新闻学子在走出校门后适应职业环境的变化。

高等院校发展的中心任务是提升办学质量，这也成为实现人力资源强国与创新型国家战略目标的重要条件之一。各学科应结合本专业特色，积极探索教育质量提升的创新模式。对于应用性极强的新闻学而言，搞好实践教学是提升教学水平与办学质量的关键，而各类实践教学资源可以为新闻学专业师生的教学、科研及就业提供重要保障。建设工作室制的新型实操平台，不仅能实现与教学、科研的互补，也能实现与就业的衔接。因而，如何有效发挥工作室在新闻学专业人才培养中的作用，成为当前我国新闻学院系实践教育改革的关键。

一、工作室模式的新闻学专业创新创业教育改革之实践

（一）工作室制的教育模式

工作室是指由几个人或一个人建立的组织，是一处创意生产和工作的空间，形式多样，大部分具有公司模式的雏形。工作室规模一般不大，成员间利益平等，是为同一个理想、愿望、利益等而共同努力的集体。工作室模式源于 20 世纪的欧洲，德国包豪斯设计学院按照当时社会对设计的专业要

求，将作坊的模式引入设计专业教育中，施行理论与实践结合、知识与技能并重的教育模式，该理念对现代设计教育的影响十分深刻。工作室制的人才培养模式应以学生为主体，教师为引导，将工作室作为主要平台，以专业知识学习为动力，技能实操训练为主旨，形成理论与实践融为一体的人才培养模式。

工作室与公司相似，学生在完成课堂专业知识的学习任务基础上，技能实践训练均在工作室进行，工作室可谓是学生的校内仿真职场实训基地。与单纯课堂实践教学和零散的实践不同，工作室运行必须具备相应的条件。其一，工作室模式应突出学生的主体作用，发挥导师的业务专长，并能获取一定的成果认可。由于工作室良性运行的重要因素是培养学生的学习兴趣、提升学生的实操能力、激发学生的创业热情，因此树立学生本位的思想是关键。突出学生并不意味着弱化导师，导师具备一定的业务专长与科研能力，在其悉心指导下实施技能训练，才能营造出工作室的积极氛围。学生也只有在导师的辅助下才能真正培养创新精神、创业意识，提高团队成员间的协作能力，更可能获得各级项目、奖励、发明专利及发表各级研究论文的成果认定。其二，工作室运行要依托各类项目，采用项目准入制度。项目既可以是导师承担的，也可以是学生承担的，还可以是一些企业的订单。在项目运行时间内，项目组成员可以享受设备资源，由导师将项目分解，从市场调研、资料收集，到方案策划、具体实施，再到最后的质量评价，整个过程均由学生完成，使学生清楚每个环节与总体的关系，从而适应不同的岗位需求。其三，高校需出台相应的资金管理制度与绩效考核方案。对于工作室的设备购置、项目参与者的酬劳及学术交流等费用应规定统一标准。通过细化考评规范，制定奖惩机制来确保项目完成的质量。

（二）工作室模式的新闻学专业教育改革探索

在高校新闻学专业实践教育经验积累中，已形成了对传媒人才较为成熟的培养模式，即包括实验训练、实习训练、社会实践等环节的综合培养模式。近年来，创新创业教育作为一种全新的理念在高校教育中已达成广泛共识，成为高校人才培养模式新方向的切入口。鞍山师范学院新闻系在特色院系建设中，立足本专业特征与实际，积极探索适合媒介融合时代新闻传播人才培养的有效方式，试点进行基于工作室制的人才培养模式的创新实践，以项目为依托，培养学生自主思考、自主实践的职业意识，在规定时间内，完成特定的学习任务和工作任务，实现人才培养的目标。

二、完善工作室模式的新闻学专业

创新创业教育改革的实践证明，基于工作室制的人才培养模式能充分调动学生自主学习的积极性，有效提高学生的创新创业能力，是新闻学专业教育改革取得的突破性成果。因此，为更有效地发挥工作室的作用，需在实践中探索进一步完善的方法。

（一）加强与企业的合作力度，增强社会服务力

工作室除了为学校服务，必须增强社会辐射力度，承接各种社会项目，与企业联合，为其开展服务，不仅能促使企业主动加入工作室，而且能将企业优质的人力资源和管理模式引入工作室，更能加强高校、区域间的联系，从而开展更多的社会服务。在与企业合作的过程中，导师可以将学生在各个环节的成果融入教学中，通过一次又一次真实的项目实践增加学生的自信，不断提高与企业合作的实力。

（二）实行行业专家聘用导师制，优化师资队伍

创新创业工作室人才培养模式的实质在于学生通过与企业零距离接触来提高创新思维与创业能力，从而满足市场对人才的需求。因此，工作室良性运行的关键在于是否具备高质量的师资队伍。工作室的导师一般由科研与专业素养较高的任课教师担任，这些教师虽通过企业挂职、进修深造、外出考察等途径提升了自身的实操能力，具有指导实践项目的优势，但工作室也应吸纳一些职业经验丰富的高水准行业专家，协同专任教师一并开展鲜活的实践活动。比如，浙江省某高校软件开发工作室与地区经济开发区实力雄厚的公司合作，长期聘用技术专家作为导师，对培养学生现代软件开发的理念起到重要作用。该做法值得以工作室模式的人才培养方向为教育改革创新点的院系借鉴。

三、"创业新闻学"的局限性和争议

尽管"创业新闻学"的思路得到了许多人的认可，但在学科建设中有不少的困难，同时也遇到了一些争议。"创业新闻学"的局限性首先体现为资源不足，现有的书籍很少有专门以"创业新闻学"为主题的。其次，"创业新闻学"的课程设置与传统的学科分科是有区别的。教师的知识面也是有局限性的，想把企业运营管理的经验和知识与新闻学结合起来可能需要一定的时间去磨合。另外，技术的发展速度很快，而课程的速度相对较慢，可能出现课程设置相对滞后的情况。除了这些局限性，还有一些学者对"创业新闻学"的课程理念提出了质疑。如有学者指出纽约城市大学的"创业新闻学"项目是新瓶装旧酒。并且，一位教师不可能通过一周金融课、一周市场营销、一周会计课、一周广告课、一周领导能力课就让学生充分理解课程所涉及的

内容。这样的结果只会让学生一知半解，是很危险的。最后，学生的需求是有限的，对于新闻学院的学生来说，过多的商务课程反而是个负担。

四、"创业新闻学"与中国的新闻教育

尽管存在争议，但"创业新闻学"的教学理念毕竟在一定程度上代表了当今媒介环境中的需求，存在一定的价值。在中国，想要像在美国那样做个人的新闻事业的环境几乎是不存在的，因此从表面上看。"创业新闻学"的理念是不适合中国的。但应该看到，在近些年的媒体经营产业化的过程中，许多媒体通过各种途径拓展业务，如建记者站等活动，利用自身的资源优势，开展各种以盈利为目的的经营活动，在这个过程中，既懂新闻事业，又擅长经营活动的人才是必需的。"创业新闻学"中的一些内容与大多数新闻院校中开设的"媒介经营管理"的内容是相通的，因此对国内的新闻教育来说有一定的借鉴意义。

综上所述，新闻学专业创新创业工作室为媒介融合环境下学生的创新性思维与个性化能力的发展营造了提升空间，使毕业生成为兼具专业知识、职业素质、综合能力的优质传媒人才，这对新闻学专业来说有极强的可操作性，值得推广。当然，在运作过程中，尚有许多问题有待深入探索并逐步完善。

第六节 新闻学与政治的关系

新闻学是研究新闻事业和新闻工作规律的科学，它将人类社会生活中客观存在的新闻现象作为研究对象，主要研究对象是新闻史、新闻理论及新

闻业务。很多人认为站在新闻本身的角度进行新闻报道或者新闻研究时不应该有任何的偏颇。在此笔者从马克思主义新闻观出发，分析新闻学研究对象、研究主体和新闻与政治在新时期呈现出的规律，探讨在学科研究中新闻学与政治的关系，认为新闻学不管是在实践层面还是学术层面中都与政治不可分割，新闻学的研究要坚持马克思主义的唯物史观，坚持正确的立场。

就政治本身来说，它是指以政权为核心的一切政治现象和政治关系，包括政治制度、政治体制、政治思想、政治观念以及在一定的政治制度和环境中产生的政治行为。如果认为政治对于新闻学的影响力是外在的"施压"，显得有些片面。邓正来先生提出按照"外部性"思维和"内部性"思维来理解政治和新闻学的关系给新闻学研究提供了一个新的思路。他批判了将中国社会科学自主性相对缺失的主因归结为外部性因素的单向度的思维方式，提出真正的原因是研究者内部主动与外部性因素的"契合"。

站在历史的角度探索新闻学与政治的关系，不难发现，中国最初的报纸——邸报就是政治宣传的产物。邸报的主要内容是皇帝的起居、官员的升黜还有中央的诏令等，本身就是中央为了准确地将消息传递到地方的产物，里面报道的内容也都是和政治相关的，百姓没有权利看到。从中国新闻业的发展来看，政治与其关系十分紧密。

一、中国的政治现实催生了新闻学研究

（一）近代史上三次办报高潮都在政治活跃期和言论开放期

从《察世俗每月统记传》开始，中国产生了近代历史上的第一批报刊和报人。戊戌变法时期、辛亥革命时期和五四运动时期成为近代办报历史上的三次高潮，出现了王韬、梁启超、邵飘萍等一系列优秀的报人。

第一次办报高潮出现在戊戌变法时期，戊戌变法作为中国封建统治阶级对自我的一次改良，虽然它逃离不了封建统治的桎梏，但它提供了一个言论上较为宽松的政治环境。这期间康有为、梁启超等维新派创办《时务报》《国闻报》，提倡学习西方资本主义制度，大力介绍西方的新思想、新文化；辛亥革命推翻了中国千年的封建统治，政治上达到了高度开放的状态，孙中山创办的《民报》积极与保皇派论战，宣传自己民族、民权、民生的三民主义主张，将报纸视为宣传政治主张的重要工具；五四运动时期《新青年》等报刊一开始并没有提出明确的政治倾向，但是随着后期马克思主义思想的传入，马克思主义的基本观念开始影响中国的文人，李大钊1918年发表《庶民的胜利》《布尔什维主义的胜利》等文章，积极宣传马克思主义，使报刊有了政治化的倾向。

政治上和言论上的活跃和开放虽然不能说是让近代新闻学发展的一个主要原因，但却为近代新闻学提供了良好的发展土壤。

（二）新闻舆论工作让新闻学和政治密不可分

舆论引导和舆论监督是马克思主义新闻观的重要内容。对于当代中国来说，舆论监督工作是当前新闻工作的重点，新闻宣传工作需要在政治上与党和政府保持一致。在宣传社会主义核心价值观的今天，习近平总书记在党的新闻舆论工作座谈会上发表的重要讲话中强调，党的新闻舆论工作是党的一项重要工作，是治国理政、定国安邦的大事，要适应国内外形势发展，从党的工作全局出发把握定位，坚持党的领导，坚持正确政治方向，坚持以人民为中心的工作导向，尊重新闻传播规律，创新方法手段，切实提高党的新闻舆论传播力、引导力、影响力、公信力。

要做好舆论监督和舆论引导工作，新闻工作者首先要坚持的就是正确的政治方向,这就决定了在新闻学的实践中,要以正确的政治思想为指导。一方面,政治环境和政治需求需要新闻工作者进行舆论监督工作,弘扬社会正能量;另一方面,良好的舆论宣传和舆论监督工作能够促进党和政府的工作高效有序地进行。所以,新闻学和政治相互需要,相互促进。

二、新闻学的研究对象带有浓厚的政治色彩

广义上的新闻学主要是包括历史新闻学、理论新闻学和应用新闻学。作为研究对象,这三者本身有着很浓重的政治与时代色彩。研究《大公报》的"不党、不私、不卖、不盲"的办报活动时,其办报理念已经接近西方的新闻专业主义理念,认为报纸应该是为公众服务的。但是"不党"不代表没有政治立场,例如,张季鸾认为,"抗战期间,一切私人事业、精神都应为国家所有"。此时,服从国家政治利益需要的意识已经盖过言论自由的要求。中西方虽然意识形态不同,但都要受到各种政治经济因素的牵制,《纽约时报》等报纸代表的是西方资本主义集团的利益,遇到关乎立场的问题时,是站在资本主义的立场上说话的。

另外,新闻活动本身也是带有政治立场和政治色彩的,在政府新闻发布和政治传播中,担当主要角色的是政府部门,需要在有明确政治立场的情况下表达自己的政治诉求,进行合理的政治引导。政治新闻传播不可能没有自己的政治立场,也不可能回避自己的政治立场。当我们在谈论新闻学与政治的关系时,新闻学客体就已经包含浓厚的政治成分了。

三、新闻从业者和研究者都有相同的政治立场

新闻本身具有阶级性,有一个原因就是新闻工作者本身具有阶级立场。这就决定了新闻工作者代表一定阶级的利益,为一定的阶级服务。新闻事业

充当的是党、政府和人民三位一体的耳目喉舌，新闻工作者最重要的原则就是"党性原则"。改革开放以来，中国社会有诸多变化，但是中国共产党的执政地位没有改变，国家的根本制度没有改变，新闻媒体的基本属性没有改变。新闻工作中依然要坚持正确的政治方向，坚持"为人民服务"的宗旨，坚持实事求是的思想路线。党性和人民性是一致的、统一的，中国共产党是中国工人阶级的先锋队，代表的是中国人民的最高利益，这也是人民性的体现。所以在新闻实践当中，新闻工作者不可避免地拥有马克思主义无产阶级的政治立场，同时拥有人民性，实现两者的统一。

在新闻学研究当中，新闻研究者有自己的人生经历、学习阅历，形成了一套世界观、人生观、价值观。我们受到的教育是以"物质决定意识"为根基的马克思主义辩证唯物论。新闻学本身就和政治有着相当密切的关系，如果新闻研究者没有一定的政治素养和政治细胞，很难从纯学术的角度去分析新闻事件。只有对政治有见解，洞悉政治环境，能够充分了解政治和新闻关系的研究者才能更好地分析研究对象。

四、新闻与政治互动，推动社会发展和学科进步

改革开放四十余年来，新闻和政治的关系在不断发生变化。从党的十六届三中全会、十七大的召开到现在，新闻与政治的关系发展到了一个新的阶段。这一时期政治生活的主题是科学发展、解决发展带来的各种矛盾；而新闻学在这一时期的很多功能得到进一步发挥。民主政治建设提上日程，越来越多的民众渴望参与民主。新闻与政治开始衍生出一条新的规律。仔细分析新闻与政治在当前的关系，可以归纳为：①二者的本质和目标是一致的，新闻和政治在本质上都是为了表达广大人民群众的意愿，其目标都是为人民

服务，更好地实现社会主义民主。②二者在具体的运营过程中存在一定差别，有自己的"私利"。新闻由具体的媒体和新闻从业者运营，主要表现为"媒体利益"。③当新闻违规时，政治就以人民的名义来监管它，发挥国家管理的作用；而当政治腐败时，新闻就以人民的名义来监督它，发挥舆论监督的作用。

可以看出，新闻与政治相互区别、相互联系。通过多样的政治参与，如新闻发布会、新闻听证会、民众舆论监督等形式成为推动社会进步的合力。媒体是人民和政府交流的重要桥梁，一方面要把党和政府最新的路线方针政策传达给民众，另一方面又要忠实地反映民众的舆情和心声。这样一个官方舆论场和民间舆论场的组合，使得新闻与政治有机地结合起来，遵循规律从而推动社会发展。

五、新闻与政治的互动：推动社会发展和学科进步的有效途径

"自由之精神，独立之思想"是每一个做学问的人毕生牢记的格言。中国近代历史上被西方列强用鸦片战争打开国门，百年来的新闻事业一直都在艰难曲折中得到发展。新闻学自产生开始不仅是传播信息和知识的工具，也是表达新思想、新主张的重要园地，这就决定了新闻学与政治不可分割的关系。

新闻学的主要研究对象（新闻史、新闻理论、新闻业务）在产品形态和产业形态上都与政治相关联，受到马克思主义新闻观念的影响。从新闻研究者和从业者的角度来说，完全的无立场是不存在的，不仅要坚持正确的政治方向，更要充分了解当前的政治环境。

改革开放四十余年来，新闻业和新闻学的研究环境发生了相当大的变化，随着政治的成熟和经济的进步，新闻已经从最初的宣传工具变成促进民主政治交流的重要途径，网络社会的发展更是为今后新闻与政治的有效互动提供了无限的可能。

第七节 大传媒时代新闻学专业的影视化

大传媒时代，高校新闻教育可以从宏观层面构建融合与分类并举的课程体系，微观层面打造阶梯型、立体化的实践模式以及中观层面铸就扎实灵活的开放化师资结构来探索影视化教学模式。

传统高校新闻教育过于偏重采写编评等传统技能的培养，影视实践类课程长期处于辅助次要的尴尬地位。但在大传媒时代，传播媒介形态上的藩篱被打破，各种媒介的外在形态不断融合，媒介的具体内容则在网络应用和数字平台的基础上实现大组合，影视媒介以娱乐性、便捷性、综合性、渗透性和形象性等特点，成为现代人接受各种知识与信息的重要渠道。因此在高校新闻学专业的教学中合理、适度地引入影视化内容与手段，将影视当作促进新闻教学的工具，通过影视媒介为受众提供认知社会的形象化途径，能够突破传统新闻教育的壁垒，促进新闻教育在大传媒时代教学方法的丰富。

一、宏观层面：构建融合与分类并举的课程体系

新闻教育在大传媒时代的影视化教学，首要重点就是寻找影视类课程与新媒介形态下新闻教育集成、整合以及深化的契合点，构建既符合新闻学专业要求又符合影视类课程要求的课程体系。我们可以采用"总—分—总"

的结构模式构建融合与分类并举的课程体系,将影视理论知识进行模块化的整合与分类,"明确并强化理论性课程与实践性课程并重,强化他们之间能动的对应的互动关系"。具体来说我们可以将这种课程体系分为以下三大模块:

由广播电视概论课程和视听语言课程奠基的基础理论知识模块。这是保障新闻教育影视化教学模式的理论基础,因为无论环境怎样变化,基础理论的支撑作用不会变。尤其这两门课程的教学重点应放在大传媒时代与影视知识互相结合部分的内容讲授上,而非影视发展史与理论思潮的展开。在向学生讲解影视传播的特点与要素时,重点解读如何影视化地表现受众喜闻乐见的新闻类型、新闻记者在影视化表现过程中应发挥的功能以及新闻影像的构成原理。在讲授具体类型的影视节目时,侧重于新闻节目的分类与特征、新闻主持人的类型与素养等方面。

由图像处理课程和音视频节目剪辑课程组成的策划与制作知识模块。这是影视化教学模式落在实处的关键,课程教学以软件操作为主,重点讲述影视编辑流程与新闻类节目策划制作流程的结合。在演示 Photoshop、Premiere 等软件操作要领的过程中,结合电视新闻节目讲解图像处理以及镜头组接的原则,领会视频剪辑的技巧,制作简单的图像特效。通过具体新闻节目的音视频分析,讲授解说词以及现场同期声的作用与特点。在对画面中具体人物的位置进行分析的过程中,讲解新闻节目画面构图的轴线原则以及如何越轴。这样既不失影视后期处理的基本特色,又巩固了新闻制作知识。

由影视节目专题课程所担当的拓展知识模块。这一课程可以放在大三上学期,分为中外影视发展史、影视理论思潮、影视鉴赏与写作等专题。到这一阶段,新闻学专业的学生已经开始分流,知道自己的兴趣点所在,单纯的新闻节目已经难以满足就业的需要，再加上学生前期已经对影视节目的基本知识具备了感性理解，能够对相关作品阐述自己的认识，所以课程的侧重点应该放在影视作品的主旨主题、宣传规划、叙述结构、故事架构、角色设置、画面构图特点等方面的理论解读上，帮助学生进行知识拓展，加强影视化素养的培养。

二、中观层面：铸就扎实灵活的开放化师资结构

大传媒时代，技术飞跃、媒介融合、格局洗牌等因素都意味着传媒机构的运行机制、发展战略、产品形态都需要进行革命性的大规模调整。社会对新闻人才的需求呈现出更加复杂的多元化状态，再加上新闻学专业的学生日趋多样化，他们的知识掌握程度、能力发展水平、求学意愿以及价值取向等都呈现出明显的多样性。"无论是新闻传播的研究还是教学，在现在新媒体新传播的时代，思维方式的转变已是当务之急"，高校新闻教育必须秉持开放化的视野，铸就扎实灵活的师资结构，为影视化教学模式的贯彻保驾护航。

其一，组建拥有扎实影视理论知识与实践操作基础的师资队伍。这是影视化教学得以贯彻的开始，因为学生对影视知识的接触首先是从教师那里获得的。因此，在组建、充实新闻学专业的师资队伍时，应有意识地将具有影视背景的教师纳入师资队伍，并对其进行新闻学基本理论和基本知识的教学培训，分为教学导师引导和课堂观摩实践。教师自身也需要不断强化影视思维和实践训练，参加名校组织的培训课程、暑期学校等接受再教育，共同促进教学模式的贯彻执行，完成新媒介形态新闻人才培养的任务与目标。

其二，打造具有包容性的视野、热情对待新生事物的教学团队。教学内

容应该关注整个传媒行业的多个领域，按照多媒体经营的教学思路，利用新的传播手段，不断拓展教学内容。在新闻教学过程中，以包容姿态适应信息传播的普遍规律以及受众的心理特征。可实行"驻校记者计划"，定期邀请传媒业界的一线工作人员和师生分享业界的最新动态与发展趋势；也可以按照"拼盘课"的形式聘请业界的相关专业人士给学生专门上课；举办"传媒大讲堂"等固定的学术论坛，定期邀请学者前来讲学。

其三，实行高校教师和传媒业界互派人员的交流机制。新闻学专业教师可以去广播电台、电视台等机构挂职，而广播电台、电视台也可以派遣工作人员到高校新闻学专业任教。既可以让高校教师直接参与到影视节目的制作播出之中，弥补自身业界工作经验的不足；也可以让传媒业界的工作人员加强自身理论素养的学习，近距离感受现代年轻人的思想动态。同时，可以将影视业界的最新动态以及影视作品的实况跟踪纳入高校新闻教育影视化教学过程，充分调动学生的学习热情与动机，丰富新闻教育的授课方式，促使学生不断提高自身的专业素养。

通过融合新闻学专业与影视学专业的学科优势，将影视资源引入新闻学专业的教学实践中，形成大传媒时代新闻教育的影视化教学模式。但探索的同时，也需要注意"上手快但后劲不足"的创新乏力问题，"技能熟练但品质缺失"的人文素养不够问题，"实践训练流于浅表"的实践技能无法得到有效保障的问题，等等。而传媒行业在大传媒时代的更新和发展一日千里，应促进大传媒时代的新闻教育与行业现状和产业前沿接轨，人才培养与行业发展要求无缝对接，使学生能够在自主学习和实践中不断发挥创造精神、创新精神，贯彻影视化教学模式。

三、微观层面：打造阶梯型、立体化的实践模式

正如密苏里新闻学院所宣称的学院基石是"学生通过新闻实践学到更多的知识"，无论是注重培养复合型人才，还是以培养应用技术型人才为目标，大传媒时代的新闻教育应该适时地将所学知识应用到实践中去。通过打造阶梯型、立体化的实践模式对学生展开有效的影视化教学，促进学生将所掌握的基础理论知识转变成微观层面可见的影像化作品。这是贯彻泛影视化教学模式最为重要的一环。

首先，实行"三级阶梯型"的实训方式。第一级为课堂实验，这是整个实践教学的基础，主要内容为单门课程知识的单元实验以及综合实验，以实验室为主要教学场地模拟影视节目制作流程，调动学生的参与热情；第二级为社会实践，围绕热点问题结合课堂作业展开实践调研，并以此为素材创作15分钟左右的纪录片；第三级为专业见习和实习，安排学生前往当地电视台、影视制作公司等进行参观，同时专门安排时间长达两个月的专业实习。通过阶梯式的实训内容，形成从初级到高级过渡的实训体系。

其次，实施种类多样的实验教学内容。影视化实践教学应实施种类多样的实验教学内容，注重摄像机、非线性编辑、调音台等机器与系统操作为代表的基础实验教学，从学习新闻传媒业务最基本的技能操作开始，以训练和提高各种影像技术性技能为主体；开展新闻播报类、访谈类、娱乐类等节目制作为代表的综合型实验教学，促进学科间的知识融合，注重跨学科、多技能的综合培养；重视进行以电视深度报道、纪录片创作等为代表的研究创新型实验教学，提高学生的独立思考能力与创新创造能力。在注重系统性与连续性的基础上，循序渐进地安排多种多样的实验教学内容。

最后，建设"三层立体化"的资源共享模式。循着"院内—校内—校外"的空间结构，组织各种影视相关实践活动，由教师负责课堂实验教学的具体内容，指导学生自主完成相关影视实践活动。结合教学的实际情况，建立教师工作室，招募学生，如在学院内部打造由学生团队运营的青年传媒中心，创建校级规模的大学生通讯社，由教师指导学生参与各类比赛，也可以寻求与校外公司的合作，将课堂教学的成果影像化并向社会传播。通过分层次共享资源推动实践教学，形成由内到外的立体化、开放型的教学体系。

第四章 新闻学的改革研究

第一节 新闻学论断的彻底性
与科学性

当下新闻学研究的关键，不是有学无学的问题，而是新闻学是否达到科学标准，体现出论断的彻底性。"新闻有学"早在 30 多年前就逐步解决了，今天认为新闻无学的人只是极少数，根本无法推倒这门显学的显赫地位。已有的几百部新闻理论著作和海量的新闻学论文，成为"新闻有学"不可动摇的基石。但这些新闻学成果是否像哲学、社会学、经济学那样，重要论断具有彻底性和科学性，则是传媒人士和学习新闻学的人不断质疑的问题。

一、新闻学论断寓于其原理体系

一种学说的核心内容是对实践规律提出的种种论断，这些论断主要寓于它的原理体系。无论是广义新闻学（包括新闻史学、新闻采写与编辑学、新闻管理学、新闻学原理和党媒理论五个分支），还是狭义新闻学（新闻学原理与新闻学概论），都由众多论断与推理构成，它们共同揭示新闻活动的相关规律。新闻学原理和新闻学概论虽然在理论上有繁简之别，但都是对新闻学论断的集中论证，构成新闻理论的观点体系。

作为新闻学的纯科学，新闻理论是新闻史学和应用新闻学的指导学科，为新闻工作实践提供思想指南。目前，新闻学界对新闻理论缺乏精心的探索，一些人甚至认为，新闻学完全是一门应用学科，没有什么理论值得研究。正是这一原因，理论新闻学虽然成果累累，但知识体系和原理体系多有缺漏，许多论断难以自圆其说，高屋建瓴阐释新闻规律的论著更是罕见。

人类创立的所有科学，以至有关工程技术的自然科学，都需要科学理论的引领。没有严密、深刻的原理指导，任何专业实践都很难有高度的悟性。1883年美国物理学家罗兰曾强调："人们将应用科学与纯科学混为一谈并非罕见，尤其在美国报纸上。一些卑微的美国人借用从前伟人的思想，指导自己的日常活动和生活，让自己富甲天下，他们受到的赞美高于那些提出这些思想的伟大原创者。假如我们停止理论科学的推进，只重视并满足于科学的应用，却从不追问所做事情的原理，那么我们很快就会退化。这些原理就构成了纯科学。每个人都了解100万美元意味着什么，但能够理解科学理论进展的人却屈指可数，特别是对科学理论中最抽象的部分。"新闻学论断占据思想的制高点，新闻理论就有了灵魂，不断给新闻实践指出方向，开辟新的认识道路。

毋庸置疑，新闻学的应用性很强，从新闻业务到媒介管理，都有一套实用的专业规范、方法、措施和标准，但它丝毫不能脱离正确理论的指导。离开新闻学的纯科学——新闻学原理，传媒人不可能深刻理解社会和新闻报道，应用新闻学也会丧失学理基础。新闻理论作为人类长期实践提炼出的原理体系，包括知识、论断、论证和推理，成为传媒人把握复杂新闻现象的如炬灯塔。其中新闻论断构成新闻学原理的主旨，成为新闻理论的支柱。不掌握新闻学原理及其论断，也就不知何为理论，更无从认识理论的创新与发展。谙熟新闻学原理及其重要论断，回应时代的呼唤，才能回答新闻工作中重大而紧迫的现实问题，传媒人也才能形成正确的理论思维。

传媒人的理论思维，还包括运用其他社会科学理论分析社会、升华人类精神的心智运作，确信新闻论断的客观性与确凿性。这样，揭示社会和自然界的巨变才会成熟、老道和得心应手。重视新闻理论研究，提升新闻学论断的彻底性和科学性，是摆脱"有话说不出，说了传不出去"的学术窘境的关键。

二、抓住事物的根本，新闻论断才有彻底性

新闻理论无论是对新闻现象的分析，还是对新闻学原理的阐释，都要提出种种论断。这种论断具有彻底性，必须揭示对象的本质，触及事物的根本。新闻学真实地反映了新闻与客观事实的联系，提出的论断让人信服，才能称得上真正的理论，它的一系列原理才能站住脚。

如果教科书在这一页说，社会主义新闻价值同资本主义的新闻价值不同，甚至是根本对立的，在另一页则公然倡导说，社会主义的新闻价值标准就是西方新闻学普遍肯定的"新鲜性、重要性、显著性、接近性和趣味性"。这类前后抵触的结论，颠覆了理论的应然性，完全陷入自相矛盾。新闻学论断要有彻底性，首先应是真命题的集合，起码应当自圆其说，否则人们就无法相信它的真理性。

正确的新闻论断之所以成立，是由于它符合实际，是客观必然性的反映。研究今天中国的新闻自由，不加区别地把"新闻自由的阶级性"照搬过来，强调今天的中国和西方国家一样，"要么是资产阶级的新闻自由，要么是无产阶级的新闻自由，抽象的、超阶级的新闻自由是不存在的"。这种武断的结论，违背了《宪法》的基本原则和我国的实际。习近平总书记指出："今

天，时代变化和我国发展的广度和深度远远超出了马克思主义经典作家当时的想象。"新闻学论断要以马克思主义为指导，在现今时代条件下必须对马克思主义的结论进行全面审视，以更加宽阔的眼界考察马克思主义的现实基础和实践需要，不能机械地生搬硬套。马克思主义新闻观绝不是马克思、恩格斯等思想家语录的简单堆砌，而是符合一定历史条件和现实状况的新闻论断，它的灵魂是实事求是。

任何事物都有多样性，新闻事业的起源与发展也有多种动因，用单一、僵化的观点对其界定，得出的只能是一孔之见。"新闻事业是适应商品经济发展的需要而产生的"这一论断，在多种新闻理论著作中被视为一般规律，一再沿用。但它概括的不是普遍真理，仅仅是对欧洲大陆（意大利、荷兰、法国）15~16世纪商业性新闻信和新闻书产生背景的写照（例如，威尼斯新闻信）。实际上，英国新闻事业起源于新兴市民阶级反对皇权的斗争；我国宋代的"小报"尽管沿街叫卖，达到了一定的专业化，但它以报道"朝廷机事"和民间奇闻为主，很少有商业信息，根本不是商品经济的产物。唐宋及后来各朝的"邸报"也同商品经济毫无关系；中国近代新闻事业产生于外人来华办报和改良运动的兴起；日本新闻事业起始于"外报译传"和明治维新运动。许多国家新闻事业的出现同商品经济没有因果关系。从根本上看，新闻业产生于人类生存对信息的需要，"发源于人类本性中压抑了的本能，对应于人类普遍持续的信息诉求"。不考虑具体历史条件，盲目地把片面论断视为普遍原理，在新闻理论论著中并非罕见。

新闻学论断要达到彻底性，就要抓住新闻报道的根本问题，依据新闻活动的实际状况，建立唯物认识论的论证体系，切实反映新闻报道规律。在旁征博引上兜圈子，制造理论迷津，许多论断就会脱离新闻活动的内在逻辑，走进虚无主义的荒漠。把西方的"主体性哲学""存在主义""场域理论""解构主义""消费主义"等论题，僵化地嫁接到新闻理论上来，绕来绕去，提出的论断虚无缥缈，很难让人相信它是真知灼见，对新闻实践没有任何指导作用。

我们常见的"新闻难以客观"的论断，否认新闻客观的可能性，竭力为虚假新闻寻找借口。最近几年，一些文章公然赞成西方知识精英提出的"后真相论"，把感性重于理性、情感大于真相视为正常和普遍现象，完全投入虚幻论断的怀抱。在任何时代，都有人和媒体鼓吹假象、掩盖真相，但就大多数人和真正的媒体而言，对社会变动和突发事件从来都在追求真相，不满足于感性认识，从不把人们的情绪看得比真相重要。"后真相论"的荒谬论断，竟让某些学者信以为真，如获至宝，以主体性哲学的谵妄来认识新闻现象。

从根本上看，新闻学论断丧失彻底性，大都来自主体性哲学酿成的错觉，把主观想象和主观情绪视为客观事实。主体性哲学强调人作为社会实践的主体，重视人的自主性、能动性和创造性，但它过于看重人的精神能动作用，稍微把握不准，就导致"唯我论"和"认知中心主义"。强调"新闻的倾向性和艺术的情感性有相通之处，二者都源于个体的主观意识"的论断，正是囿于精神超越物质、主体宰制客体的"意识能动观"。所谓新闻倾向，有正确和错误之分，新闻的正确倾向不仅真实地再现事实，而且对事实的利害关系与好坏做出客观说明。新闻的错误倾向则是用媒体的观点代替事实，在事实中掺入记者的主观意志和情感，导致对事实的歪曲。

认为新闻的客观性是做不到的，无疑等于说，所有中外媒体的新闻报道不是或不完全是客观事实，都或多或少夹杂虚假成分。这种论断显然荒谬绝伦，根本不能成立。新闻的客观性就是根据事实描写事实，按照客观实际评价事实，包括叙事客观和记者立场客观，只要尊重事实，媒体是完全可以做到这一点的。但在"后真相"论者那里，鼓吹人的立场和情感比社会真相更重要，公然抹杀大多数人追求事物真相这一事实。这种机械地遵循主体性哲学的主张，完全背离了唯物主义的新闻认识论。对新闻现象的一切论断，只有来自和符合外部世界，并在外部世界得到证实，才有其彻底性。

三、新闻学论断科学性的基本要素

新闻理论具备科学性，发挥着指导实践的积极作用，无疑会成为一门科学。科学性作为新闻理论的生命之源，是指它提供的知识、原理、论断和推理具有科学依据，符合科学逻辑，并建立在完整、严密的论证基础上。公理化是新闻理论论断科学性的第一个要素。任何真正的社会科学，其基本论点及论据都被世界所公认，这也正是马克思主义的生命力之所在。

新闻学公理来自对新闻经验的普遍概括，早已或最终将被新闻工作实践所证明，构成新闻工作者必须遵守的法则。公理作为事物的本质和一般规律的反映，是各国新闻工作者公认的道理，是一种普遍原理。例如"新闻是对最新事实的报道""媒体的政治报道都有政治性""新闻娱乐化是有害的""媒介融合是传媒发展的趋势""新闻报道智能化正在改变新闻业态"等，这类公理的多少和深度，是新闻理论科学性强弱的主要标志。

新闻论断科学性的第二个要素是，它所总结的知识准确、全面而有价值，体现为对新闻活动各种常识和规范的深刻阐述。作为对新闻活动的隐秘联系和必然因素的揭示，新闻知识让人们了解新闻现象的历史源流和因果效应，知晓新闻活动中现象与本质、偶然与必然、条件与结果的内在关系。知识是对客体规则和趋向的全面把握，充当权威的有价证券，所以培根说："除了知识和学问之外，世上没有其他任何力量能在人们的精神和心灵中，在人的思想、想象、见解和信仰中建立起统治和权威。"新闻论断的科学性由新闻知识赋予力量，构成新闻才能的基础，如果新闻理论罗列大量政治口号和宣言，以"我们必须""我们一定要"或"种种要求"代替知识阐述，新闻工作者就无法心悦诚服地接受新闻活动的一系列规则和操作规范。

更糟糕的是，新闻理论违背新闻活动的常理和思维逻辑，归纳出错误的知识，使新闻论断丧失科学性。有的论著把新闻媒体的特性，按层次归纳为不同所有制媒体的归属或运作，即民营、公营和国有新闻媒体的归属或运作；独立新闻媒体、官方新闻媒体、半官方新闻媒体的归属或运作；无产阶级新闻媒体、资产阶级新闻媒体的归属或运作。这种把新闻媒体的类型视为其特性的范畴错误，混淆了不同知识领域。新闻知识符合实际和思维逻辑，才能揭示新闻现象的联系、因果、特征和规则性，为阐发新闻学原理及论断提供坚实的基础。

大量新闻知识都是从界定概念、阐述其内涵开始的，由感性经验上升到理性认识，借助对事实信息的描述得出结论，让人们懂得一套道理。这类道理不仅为新闻实践所证明，而且很多都具有常识性。这是因为新闻知识来自新闻工作实践，新闻工作者往往比新闻学者有更多、更丰富的新闻知识，因此深入新闻工作实践或向新闻工作者请教，是创立科学新闻理论的必要前提。对新闻实践一无所知，往往在新闻常识方面犯错误，归纳出一些错误的知识。"渠道为王正在取代内容为王""网络新闻具有虚拟性""社交媒体不是大众媒介"等这类错误知识在新媒体研究中层出不穷，困扰着人们对新媒体特征与功能的正确判断。任何渠道如果没有吸引人的内容，都不过是荒山中冷清的蹊径；新闻报道拒绝虚拟，网络虚拟是指技术手段，即虚拟技术，不是新闻内容的虚拟；社交媒体是面向大众、由大众广泛参与的网络平台，在我国有几亿网民加入报道者的行列，岂有不是"大众媒介"之说？

新闻论断科学性的第三个要素是，推理和论证都有严密的逻辑，对命题的演绎无懈可击。不管形式逻辑还是辩证逻辑，都是再现思维对象的述语规则，展示论证对象的内在联系，使论据和论点相呼应、相契合。理论新闻学论著一旦频繁出现逻辑错误，就很难说它已经进入科学的殿堂，新闻无学或处于潜科学状态的误解就会纷至沓来。从新闻知识中概括出真理的精华，用简洁的陈述句表述，就构成新闻学原理的重要论断。探索新闻原理必须把静态考察与动态研究结合起来，随着实践与技术的进步不断创新和发展理论。在 21 世纪，网络虚假信息的雪崩可能让真实世界笼罩上迷雾，发现新闻学原理不仅需要怀疑精神，而且更需要精细的考问，严格验证新闻论断的科学性和有效性。

在新媒体时代，新闻理论建立系统的知识体系和原理体系，不是炫耀数据万能、媒介智能的奥秘，而是坚持实践出真知的原则，揭示媒介智能化产生的种种必然。判断新闻知识的真伪和原理的科学性，不是依据立场而是依据实践和实证逻辑，尊重原理类型的多样性。新闻理论既有一般原理也有特殊原理，一般原理就是公理，特殊原理适用于特殊条件和不同国家，但它仍然以大量公理为基础，因此不能用一种原理抹杀其他原理的正确性。

新闻学论断及其论证达到理论规格，并使其达到科学化的表征，要通过抽象思维阐释新闻活动的因果关系和规律，而不是单纯描述经验事实。抽象思维的演绎是新闻学论断科学性的第四个要素，因为只有在抽象推理过程中理论演绎才能达到对事物本质的认识。这一方面要抛弃就事论事的表述方法，另一方面要优化"时事报告""工作教育"和"新闻政策"的语言，进入感性知识的理性层面。正因为如此，新闻理论离不开经验，但也不能紧扣经验表达体验性的感悟，而是在理性层面提炼出实际经验无法提供的新闻思想体系。

第二节 新闻学领域的道德困境及应对

本节从客观报道与人文关怀的冲突、隐性采访与社会正义的冲突以及舆论自由与独立审判的冲突等三个角度，谈新闻学领域的相关道德问题。

一、客观报道与人文关怀的冲突及其解读

在新闻工作过程中，充满着矛盾与冲突，进行客观报道是新闻工作的重要原则也是记者必须遵循的职业操守，人文关怀更是对人性的考量，两者相互冲突不能共存，所以在现实的新闻工作中，记者陷入一个必须舍其一的两难境地。当然，既能不违背职业道德进行客观的报道又能进行人文关怀是两全其美再好不过的了，也是任何一个新闻工作者所希望的，但现实往往达不到这种理想的状态。

试想，如果不必理会这种冲突，新闻工作者只遵循职业操守就可以了，在新闻作品中只能看到既定的事实、单一事件的发生，而没有对人类命运、生存状态的关心，读者看到的都是任凭事态发展下去，社会道德得不到推崇，那么整体的社会道德水平只会越来越低。当今社会信息量急剧增长，并不缺少对人的报道，反倒缺少那些彰显人文色彩的思考，以及对情感的关心和重视。如果记者只是为了赚取眼球、获得利益，对眼前发生的事件不作为甚至

渴望发生然后报道，这种行为只是把职业道德当作合理的借口，任何时候对生命的漠视都是缺少做人的良知，只会降低新闻工作者的社会地位和声望。

即时性的新闻是受众的精神需要，人文关怀是当今受众更深层次的需要，单单报道即时性的新闻并不能真正满足受众更深层次的精神需求，更不能抓住受众的内心。一个好的记者就是要能够感他人所感，对他人的喜怒哀乐感同身受，仿佛自己置身其中，这样写出来的报道才能吸引读者，才能打动人。

二、隐性采访与社会正义的冲突及其解读

隐性采访（暗访）是记者在不暴露自身身份和对方不知情的前提下，通过偷拍、偷录等手段对新闻事件采访和报道的一种方式，这种方式最为突出的特点便是不公开自身身份。隐性采访一直备受质疑，它存在的合法性和道德性问题，引发了人们的关注。在法律方面，这一问题集中了公众的知情权、记者采访权以及被采访者的隐私权等内容，这些方面可以说是彼此冲突的。因此，在大众传媒的公共性要求上，记者对内容的报道必须要在确保新闻真实性的原则下开展，从根本上维护社会正义、体现公众的利益。有学者认为，隐性采访本身应受到限制，其应用条件应是采访对象是公务人员、采访问题涉及公共事务和采访地点是公共场所，这三个条件缺一不可。即便隐性采访满足了上述条件，其中仍然存在非正义性的缺陷。这一问题表现在四个方面：首先，隐性采访工作是对当事人的不尊重，对个人隐私权的损害；其次，隐性采访损坏了记者本身社会正义维护者的形象；再次，隐性采访因为容易对个人隐私权造成侵害，所以容易引发法律纠纷；最后，隐性采访行为让媒体的信誉下降，破坏了媒体在人们心目中的地位。

虽然隐性采访是非正义性的而且使用的手段也饱受争议，但是新闻媒体却不能放弃使用它，使用隐性采访手段能够有效地获知真相，舍弃这一手段，便无法保证真相的获得。从功利主义的角度来说，隐性采访作为手段也无可厚非，至少用它获知真相具有很好的效果，而且也是非常必要的。

诚然，隐性采访对于揭露社会黑暗、反腐败具有重要的作用，因而也是维护社会正义的重要手段。这样似乎陷入了正义和非正义的"二律背反"。从这个意义上说，辗转于正义边缘的隐性采访终归是大众传媒及其工作者应当慎用的一种手段。

三、舆论自由与独立审判的冲突及其解读

一直以来，媒体审判和法律审判之间存在着冲突，媒体审判在最初是以报纸刊登对社会有负面作用的人或者事，是通过新闻报道形成舆论压力，在一定程度上妨碍和影响司法程序的独立性与公正性。同时，还要注意媒体审判的特殊性，它从本质上来说并不是法律意义上的审判，因此不具备法律效力，也可以说它是媒体对法律的冲击，也可以说是一种越俎代庖的行为。

那么，舆论自由是否就是"媒体审判"呢？周泽认为，如果我们的司法是独立的，法庭是合格的，法官是称职的，即能够正确认识和对待媒体的报道，领导干部有基本的法治观念，不随意对案件进行批示，不以行政权力干预司法审判，那么"媒体审判""舆论审判"干预、影响审判公正根本无从谈起。但是事实上，由于媒体的主观随意性，以舆论自由为名影响司法审判以致出现"媒体审判"的案例并不少见。究其原因，一方面是因为我国相关法律还有待完善，司法过程还有待进一步规范；另一方面，新闻媒体在充分享有舆论自由的同时，过多地涉入了社会评判与法律裁决领域，因而难免会

逐渐忘记自身作为"社会瞭望者"的公正客观的价值立场。

"媒体审判"至少有三方面的负面效应。其一，亵渎法制原则。媒体审判的产生虽看似不干预司法程序，但是强大的社会舆论压力使得法官在案情审查之中不得不考虑到舆论影响，最终干扰了法院的正常审判，致使"无罪推定""罪刑法定""罪罚相适应"这些法制原则遭到漠视。其二，错误诱导民众。如果媒体能够影响司法，那么民众就更愿意通过媒体的帮助解决问题，这样就有可能诱导民众不是通过司法来伸张正义而是通过媒体来解决社会不公。其三，媒体角色错位。如果媒体能够伸张正义，解决社会矛盾，那么媒体就超越了其报道新闻、舆论监督、服务社会的职能，使其角色发生严重错位。

媒体是维护公民知情权、表达权、言论自由权以及批评权的主要手段，因此在工作中要致力于保障公民的相关权益，但需要注意的是媒体就是媒体，它无法干预司法行为，也不能干预司法行为。因此，作为新闻工作者应当在工作中铭记自己的身份、明确自己的位置，只有这样才能充分发挥媒体对社会发展的积极推动作用，才能更好地让媒体工作顺利开展。

总之，随着时代的进步，社会关系变得越来越复杂，同一道德主体往往被同时赋予若干角色期待，需要履行相应的道德义务并承担道德责任。当道德主体同时面临着几种道德准则或义务要求，需要做出选择而又只能选择其中一种的时候，便不可避免地直面道德价值选择冲突。能够引起我们从伦理学的角度对大众传媒及其工作者给予道德审视的，恰恰就是那些容易使其深陷其中的道德困境。大众传媒及其工作者在新闻实践中所面临的道德价值选择问题需要我们在伦理的反思批判中逐渐达成共识。对这一道德困境的研究，有助于完善传媒工作者的个人人格，培养新闻职业道德和社会公德，探索道德困境的出路，尽量减少或避免道德谴责和法律制裁。

第三节 新闻学概论思政育人的探索

新闻学概论是新闻专业的核心课程，在新闻学概论教学中融入思政元素非常重要。为了在教学中深入贯彻思政育人理念，本课程在教材《新闻学概论》的基础上编写了课程思政案例，用思政元素和新闻理论分析新闻案例，培养学生正确的新闻价值观。本节基于新闻学概论教学实践，总结新闻学概论融入思政育人理念的经验，从而提升到理论研究层面，并对存在的问题进行探讨和研究。

高校立身之本在于立德树人，思想政治教育是高校的重要工作。但在思政教育和专业课程协同前行中很容易出现"两张皮"现象，思政内容与专业内容脱离，无法做到贯彻融合。因此教师只有深刻地认识思政育人理念的重要性，才能在教学实践中深入贯彻思政育人理念。

一、专业课程贯彻思政育人理念的重要性

（一）思政课程与课程思政协同前行，深化思政育人理念

2016 年 12 月，习近平总书记在全国高校思想政治工作会议上强调："要用好课堂教学这个主渠道，思想政治理论课要坚持在改进中加强，提升思想政治教育亲和力和针对性，满足学生成长发展需求和期待，其他各门课都要守好一段渠、种好责任田，使各类课程与思想政治理论课同向同行，形成协同效应。"党的十八大以来，党中央把思政育人理念上升到了国家政策

层面，思政育人在人文精神上可以培养学生具有文化自信和文化精神，有理解、包容的文化心态，弘扬中华民族传统文化，拥有自尊自觉的文化自信。同时通过思政锤炼学生的品德，使学生拥有完善的人格，培养学生的责任感和使命感。在教学中贯彻思政教育理念既可以改革课程教学方式，也可以深化思政育人理念。

（二）推动思政教育和新闻专业教育有机融合

新闻工作是意识形态的工作，培养具备正确意识形态和价值观的新闻工作者是新闻教育的重要使命。在新闻学学科体系中"新闻学概论"起统领作用，为新闻传播学其他分支学科的建立和发展提供理论依据，是新闻传播学的基础课程和核心课程。在新闻学概论教学中融入思政教育，可以打破思政课程与专业课程"两张皮"的情况，将思政元素贯彻到专业课中，推动思政教育与专业教育协同前行、相互融合，打破思政育人与专业育人的界限。在新闻学概论教学过程中贯彻思想政治教育，可以培养学生强烈的新闻责任意识，使其遵守新闻工作守则，热爱新闻行业，并具有不断学习和追求卓越的精神。通过思政教学积极发挥课堂在思政育人方面的主渠道作用，努力丰富新闻专业课程中的思想教育内容，促进新闻专业教育和思想政治教育有机融合。

二、新闻学概论课程的思政育人实践

为深入贯彻课程思政育人理念，推动思政课程与专业课程协同前行，笔者对新闻学概论课程的内容改革和教学方式改革进行反复研讨和实践，在教材的基础上编写具有区域特点的课程思政案例，并将课程思政案例运用到实际教学中，以推动课堂教学方法的创新。

（一）编写课程思政案例，深化教材内容

"新闻学概论"统一使用马克思主义理论研究和建设工程重点教材。为使学生更好地学习"新闻学概论"，提高政治素养和新闻理论素养，我们在教材的基础上，选取了新闻本源、新闻真实、新闻价值、新闻舆论、新闻工作的党性原则和基本方针等十个重要知识点编写十个课程思政案例。

每个案例由"案例正文""案例的思政元素分析""案例使用说明（包括教学任务与教学目标、案例讨论要点、案例分析要点）""教学组织方式"四个部分组成。案例经过多轮的讨论与修改，选取的案例具有时代性和典型性，如新闻本源理论知识点选取了案例《脱贫攻坚新闻报道：崇山峻岭间脱贫战正酣》、新闻宣传知识点选取了案例《建设壮美广西 谱写发展新篇》，案例内容丰富、故事性和可读性强。在"教学目标"设置上分为"知识层面、能力层面、素质层面"三个部分，"知识层面"主要是对新闻理论知识的掌握和理解，"能力层面"主要是对思维和判断能力的培养，"素质层面"主要是对意识形态和专业意识的培养。"案例分析要点"则根据案例设置思考题，引导学生解读案例。

课程思政案例根据教材《新闻学概论》编写而成，是对教材内容的深化和丰富。课程思政案例编写完成后，我们立刻将案例融入教学中，打造"新闻理论+思政元素"解读案例的特色课程，新闻理论中包含思政元素，思政元素中体现新闻理论，用通俗易懂、学生乐于接受的方式讲授思政内容，以实现思政育人的目标。

我们在课程改革中注重发挥课堂在思政育人方面的主渠道作用，努力丰富新闻专业课程中的思想内容，促进新闻专业教育和思想政治教育的有机融合。课程思政案例教学是"新闻学概论"课程改革的重要内容，也是推

动课程思政教育与新闻专业教育协同前行的成果。

（二）教学方法创新：任务驱动教学法

传统的课堂教学方法是以教师讲授为主，学生在课堂中处于被动地位，学生学习的积极性和主动性不高。因此我们除了进行教学内容创新外，还在教学方法上进行创新。

课程教学组织形式主要为："新闻理论教学+案例教学"，"新闻理论教学"主要是以教材《新闻学概论》为主，讲授新闻学基本理论；"案例教学"以课程思政案例为主，运用了"任务式"教学方法。每个课程思政案例学习分为"课前、课中、课后"三个部分，教师根据三个部分精心设计任务。以"新闻价值"一章为例，课程思政案例是《华为：三十功名向死而生》，课前布置任务让学生学习案例相关内容，了解华为发展史并制作相关演示文档；课中学生展示华为发展史演示文档、在教师指导下分析案例中的思政元素和新闻价值知识，并以小组为单位形成案例分析报告，最后教师引导全班进一步讨论，进行归纳总结，在总结中教师注意思政元素与新闻学理论的结合；课后让学生巩固和复习案例内容并预习下个课程思政案例。在课堂教学中按照"提出任务（思政元素和新闻理论问题）→分析任务（形成案例报告）→引出教学内容（汇报报告及讨论）→讲授新知识（根据报告讲授新知识）→总结评价"的过程展开课程。任务驱动教学方法提高了学生自主学习的积极性，学生先学教师后教，提高学生学习的积极性，激发了学生的自主学习能力、创新精神和合作意识。

三、"新闻学概论"思政育人的经验及思考

（一）立足实际编写"课程思政"案例

在教学过程中为了更好地使用教材，笔者在教材的基础上编写了十个课程思政案例，比如新闻本源的思政案例是《脱贫攻坚新闻报道：崇山峻岭间脱贫战正酣》，选取的是广西隆林县脱贫攻坚战新闻报道；新闻事业管理的思政案例是《柳州 8 个微信公众号被处以禁言处罚，自媒体清理整治任重道远》，选取的是柳州自媒体管理的案例；新闻宣传思政案例是《建设壮美广西谱写发展新篇》，选取的是广西壮族自治区成立六十周年宣传的内容。选取的案例立足实际，在问题的设计上也具有鲜明的特点，围绕经济、文化、媒体发展等多个角度，激发学生浓厚的学习兴趣。

（二）全面提高课程建设质量，增加学生自主学习时间

新闻学概论课程是理论课程，课堂教学以教师讲授为主，学生学习为辅，教学形式单一。传统讲授方法，学生觉得枯燥乏味，对课程内容兴趣不高，课堂效率低。根据学生兴趣转变教学方式、提高课程和课堂质量、探索智能教育新形态成为高校课堂教学改革需要探讨的问题。我们在课程设计中增加了学生自主学习的比例，通过教师分发任务让学生自主完成，比如学生根据案例自主阅读相关材料以熟悉案例，在教师的指导下运用思政元素和新闻理论分析案例并形成任务报告。在教学设计中无论是课前、课中或课后都给学生布置任务，增加学生自主学习的时间，培养学生自主学习的意识，从而提高课堂教学质量。

（三）需要进一步完善新闻学概论案例资源库

"新闻学概论"选择的新闻案例对时新性要求较高，需要不断更新新闻

案例。除了已经编写完成的"课程思政"十个新闻案例外，课程的其他知识点也需要新闻案例进行讲解，新闻学概论课程对新闻案例需求量大。目前，课程与教学改革中要解决的问题是进一步丰富新闻案例资源库。课程思政案例教材目前只有十个案例，精品案例数量较少，新闻学概论教学要不断更新案例，因此在今后的课程建设中要不断完善课程思政案例内容，在十个案例的基础上继续编写其他课程思政案例，做到知识点的全覆盖。

（四）建设系列微课，完善和深化课程思政教学

课程思政案例教材已经在课堂上使用并得到学生的好评，但是由于课堂时间有限，重要知识点未能在课堂消化完成，需要学生课后进行自主复习，因此有必要建设思政案例微课。微课是利用信息技术呈现学习内容，主要形式是视频，将课上的重要知识点、教学设计、课后练习等内容用微课方式呈现，时间较短、容量较小、形式多样，深受学生欢迎。

课程思政是高校思政育人的重要方式，在专业课中贯彻融入思政元素，可以推动思政教育和专业教育共同发展。新闻学概论是新闻学专业的核心课程，在"新闻学概论"中加入思政元素，对于培养具有正确意识形态的新闻专业人才至关重要。"新闻学概论"的思政育人教学还处于探索阶段，需要长期的实践来检验。

第四节 加快构建中国特色新闻学

"三大体系"

新中国成立以来，我国新闻学界筚路蓝缕、开拓进取，构建起既具有中国特色又具有普遍意义的新闻学，中国特色新闻学的学科体系、学术体系、话语体系不断发展。加快构建中国特色新闻学"三大体系"，需要深入把握新闻学的学科定位，深入研究一系列学科前沿问题；需要体现继承性、民族性，体现原创性、时代性，体现系统性、专业性。

新中国成立 70 多年来，新闻学不断创新发展，建立了以马克思主义新闻观为核心内容的中国特色新闻学，逐步形成了自己的学科体系、学术体系、话语体系（简称"三大体系"）。信息技术的快速发展推动媒体融合向纵深发展，出现了全程媒体、全息媒体、全员媒体、全效媒体，新闻创新实践深入推进，中国特色新闻学迎来了新的发展机遇。进一步构建学科体系、学术体系、话语体系，是中国特色新闻学的重要任务。

一、构建中国特色新闻学"三大体系"取得进展

新中国成立 70 多年来，我国新闻学发展经历了几个重要历史阶段，与此相适应，其学科体系、学术体系、话语体系的构建也取得重要进展。

新中国成立后，我国新闻事业继承革命时期的新闻体制和新闻工作优良传统，学习借鉴苏联新闻工作的经验和模式，迅速建立起社会主义新闻体系，这也成为影响我国新闻学研究的基础。

党的十一届三中全会后，我国新闻学研究迎来了新发展。新闻学研究者深入研究马克思主义经典作家的新闻思想，从党的优良传统中总结经验，对

新闻学的一系列重大问题进行深入讨论。新闻教育、学术社团、专业期刊、学术活动逐步有序发展。新闻学界从学科知识和理论体系出发，对新闻理论、新闻史、新闻业务、传播学等进行系统探索，逐步构建起独特的学术话语、知识和理论体系，推出一批有代表性的学术成果，在构建中国特色新闻学学科体系、学术体系、话语体系上迈出了重要步伐。

自党的十四大以来，改革开放的深入开展促进了新闻事业的改革，同时也为新闻学提出了全新的研究课题。新闻学研究的视野不断拓展，新闻事业改革和传媒经济发展引发学界和业界的共同关注和研究，在学术研究和实践上都取得重要突破。随着研究领域的拓展、研究方法的丰富、新闻观念的更新、新闻事业的发展，中国特色新闻学的学科体系、学术体系、话语体系不断丰富和发展。

进入 21 世纪，特别是党的十八大以来，我国新闻学研究站在了新的历史起点上。以互联网为基础的新兴媒体迅猛崛起，舆论生态、媒体格局、传播方式等发生深刻变化，媒体融合发展成为趋势，引发新闻传播领域深刻变革，也给新闻舆论工作带来新的挑战。党的十八大以来，习近平总书记围绕做好宣传思想工作发表一系列重要讲话，作出一系列重要指示，提出许多新的重要要求，回答了一系列方向性、根本性问题，丰富和发展了马克思主义新闻观，为构建中国特色新闻学学科体系、学术体系、话语体系指明了方向，有力地促进了中国特色新闻学"三大体系"的构建。

二、把握构建中国特色新闻学"三大体系"的重要要求

习近平总书记在哲学社会科学工作座谈会上的重要讲话中指出，要加

快完善对哲学社会科学具有支撑作用的学科。新闻学就是其中的一门重要学科。构建中国特色新闻学"三大体系"，需要深入把握新闻学的学科定位，充分发挥其对新闻舆论工作的指导作用、对哲学社会科学的支撑作用。

习近平总书记强调："党的新闻舆论工作是党的一项重要工作，是治国理政、定国安邦的大事。"坚持和发展中国特色社会主义，需要新闻舆论工作者充分发挥作用，自觉承担起自己的使命任务，更好地构筑中国精神、中国价值、中国力量，巩固马克思主义在意识形态领域的指导地位，巩固全党全国人民团结奋斗的共同思想基础。中国特色新闻学对党的新闻舆论工作和新闻实践创新具有重要指导作用，能够也必须更好地为党治国理政服务。同时，新闻学作为哲学社会科学的重要学科，与经济学、政治学、法学、社会学等其他学科有着十分密切的关系，新闻学的研究成果对于丰富其他学科的知识和理论体系具有重要推动作用。随着哲学社会科学的发展，学科之间交叉融合的趋势日益明显，相互借鉴成为常态，新闻学正对其他学科的知识生产和理论创新不断做出新贡献。构建中国特色新闻学学科体系、学术体系、话语体系，一定要提高站位，深入把握其学科定位。

习近平总书记强调："要按照立足中国、借鉴国外，挖掘历史、把握当代，关怀人类、面向未来的思路，着力构建中国特色哲学社会科学，在指导思想、学科体系、学术体系、话语体系等方面充分体现中国特色、中国风格、中国气派。"这些重要论述为我们构建中国特色新闻学学科体系、学术体系、话语体系指明了方向。我们要坚持以习近平新时代中国特色社会主义思想为指导，在构建中国特色新闻学"三大体系"上不断取得新进展。

学科体系主要包括学科设置、师资队伍、人才培养、课程教育及评价机制等。中国特色新闻学的学科体系应以新闻学基本知识和理论为核心和基础，以传播学知识和理论为补充，以边缘学科和交叉学科知识和理论为辅助，进行学科设置和课程设计，编写独立系统的新闻学学科教材，建立专门的师资队伍，并以此为基础开展课程教育和学科评价。其基本框架一般应包括新闻理论、新闻史、应用新闻学以及交叉学科等知识和理论系统与教学机制。

学术体系主要包括学术思想、代表学者、学术流派、专业论著、研究方法、道德规范、评价标准等要素和学术活动平台等辅助系统。中国特色新闻学的学术体系要始终坚持以马克思主义为指导，运用马克思主义的立场、观点、方法，通过学术共同体的持续探索和传承建立起不断发展、创新和完善的学术思想体系和学术框架体系，不断完善研究方法、推进学术创新、传承学术成果。同时，应建设相应的学术成果发布平台、学术成果评价体系、学术社团组织、学术伦理规范等学术辅助系统。

话语体系反映人类交往活动中交往主体通过语言符号建立起来的表达与接受、解释与理解、评价与认同等多重关系，包括术语、概念、范畴、命题、判断、语言、思想等要素。中国特色新闻学的话语体系应以学科核心概念为基础，以马克思主义新闻观及其学术思想为表达架构，总结我国新闻实践的话语逻辑和建设路径，形成中国特色新闻学的表达系统和话语体系。其基本要素包括：术语和概念（核心概念、扩充概念、边缘概念、交叉概念）、基本观点和思想原则、专业知识和表达逻辑等。

学科体系、学术体系、话语体系是一个有机统一的整体，三者相互联系、相互作用、相辅相成。构建中国特色新闻学"三大体系"，需要把握历史、现实和理论三方面的逻辑，加强学术传统和发展脉络的梳理，加强新闻实践、新闻教育与新闻理论的互动探索，推动核心理论和专业知识系统不断完善和发展。中国特色新闻学"三大体系"的构建需要体现以下几方面的重要要求：

一是体现继承性、民族性。系统梳理马克思主义经典作家和我们党几代领导人的相关论述及其历史脉络，继承和发展马克思主义新闻思想。同时，吸收中华优秀传统文化的智慧，借鉴国外新闻传播理论的有益成果。

二是体现原创性、时代性。树立新闻学的理论自信，强化新闻学理论研究的主体性，不断推动新闻学理论创新，努力推出能解决实际问题、体现实践探索、反映中国社会变革的新闻理论创新成果。新闻学界要关注新闻学的时代命题，直面新闻舆论工作面临的问题和挑战、承担的使命和任务，推动新闻学知识和理论创新，推出具有鲜明时代特点的理论成果。

三是体现系统性、专业性。构建中国特色新闻学"三大体系"是一项系统工程，需要加强顶层设计，统筹各方面力量协同推进，在学科体系、学术体系、话语体系上整体发力，并注重新闻学与其他学科的交叉融合，努力形成系统的知识体系与理论框架。同时，遵循新闻的专业规范，加强理论与实践的结合、学界与业界的互动、学术与教育的互动，增强新闻学的专业性。

第五节 新闻学与传播学的
异质性与关联性

随着现代化科学技术的不断发展，信息高速传播体系得以实现，同时新闻学与传播学间的关联性问题逐渐引起了人们的关注，因而在此基础上，相关专家学者在研究活动开展过程中应结合当前足不出户即可了解到全世界重大新闻事件的局面，全面掌控新闻学、传播学的未来发展方向，且基于此，对其展开精准定位。本节从新闻学、传播学概念分析入手，详细阐述了新闻学与传播学的异质性、关联性的具体体现，使其满足当代信息传递的需求。

基于生活水平不断提高的背景，人们对新闻信息传递提出了更高的要求，即逐步从报纸信息获取路径转向互联网等多种信息获取方式，在此基础上带动了新闻学、传播学的进一步发展，且最终形成了真实、快速的新闻信息传播状态。文章对新闻学与传播学的异质性与关联性进行阐述，望其能为当代信息传播层面的不断发展提供有利的文字参考，且就此逐步拓展受众信息获取路径，达到最佳的信息传播状态。

基于信息发展环境下，高等教育在教育改革过程中逐渐将新闻学、传播学等内容纳入到教育范围内，且利用新闻学与传播学间的共性引导学生在对该学科进行学习的过程中可为重大新闻事件及世界趣闻要点展开深入的分析，达到高效率的学科知识学习状态。此外，经过大量的实践研究表明，新闻学的发展早于传播学，即传播学学科是在新闻学的基础上不断进步，且就此完善自身属性、特质。但由于新闻学、传播学在本质层面上呈现出差异性特征，因而二者存在着相互促进、相互互补的关系，为此，当代信息社会在发展过程中应着重深化对此特性的认知。

一、传播学与新闻学的定位

在关于传播学、新闻学定位的研究中可看出，新闻学、传播学在发展过程中为了稳固自身在市场竞争中的地位实现了报学→新闻学→大众传播学→传播学的发展趋势，但从新闻学、传播学的概念即可看出，二者存在着相互借鉴的关系，因而在传播学、新闻学定位的基础上不能对其进行相互取代。此外，从教育的角度可看出，新闻学、传播学间存在着一定的界限。例如英国在相关领域的教学过程中将制作过程作为新闻学教学重点，而传播学教学中更为注重对学生研究能力的培养，实现了对新闻学、传播学的有效定位。但是，美国在教育活动开展过程中时常将新闻学、传播学规划为同一领域。在此基础上，我国相关专家学者在对其进行深入研究的过程中应注重对其展开精准的价值定位，避免学科知识交叉问题。

二、新闻学与传播学的异质性、关联性表现

研究方法。新闻学与传播学研究方法的异同主要表现在以下几个方面。①传播学者在对学科内容进行研究过程中主要崇尚对辩证逻辑方法的应用，即与传播学形成同中求异的研究形式，同时在研究过程中逐步突破了主流传播学思想的限制。②归纳、演绎逻辑方法被广泛应用于新闻学研究领域中，即其要求研究学者在学科研究过程中应充分发挥自身逻辑思维能力对新闻学领域知识进行探讨，且通过实验等形式对知识体系进行实证验证，形成透彻的研究效果。③新闻学与传播学在研究方法上的相同之处主要体现为二者在学科体系研究过程中均应用了文献研究、阶级分析等研究方法，且在研究活动开展过程中从采、写、编、评等途径入手深化研究成果，并借助新闻媒介达到最佳的研究状态。

学术立场。基于主流传播学与传播学批判学派产生的背景，引发新闻学、传播学在学术立场层面上呈现出相应的差异性。新闻学在发展过程中其旨在培养富有公共服务意识的媒体人，且在学术研究过程中将职业技能培训、专业伦理培训、人文精神灌输等视为主要研究目的，凸显出学术立场的鲜明性。此外，主流传播学学术立场在设定过程中强调了对政治、军事、企业等综合因素的考虑。例如，美国主流传播学在学科探究过程中将媒体企业商业

广告效果及政治竞选信息的传播作为主要研究对象，继而与新闻学研究立场呈现出相应的差异性特征。另外，传播学在立场表达过程中强调了对商业语言的套用，形成了鲜明的学术立场设定，但二者在人文取向等领域的研究过程中仍然存在着某些相同之处。

研究层面。新闻学与传播学在研究层面的异同首先体现在新闻学领域在研究活动开展过程中将"业务研究"视为自身的研究重点，即其倾向于对"术"的研究，因而要求当代学者在对新闻学内涵进行研究的过程中应基于新闻、广电、广告不同形态的基础上以新闻传播规律的探究形式来达到深入的研究目的，且将公关活动规律、广告活动规律等内容纳入到研究范围内，形成最佳的学科研究状态。而传播学在知识领域研究过程中旨在探讨新闻、广电、广告等的学理层面，即二者基于探讨内容相同的基础上采取了不同的研究视角，继而呈现出相应的差异性特征。同时，传播学与新闻学相比，其凸显出概括性、指导性、抽象性的特点。因此，学者在学科知识研究过程中应注重结合其研究特性。

研究对象。就当前的现状来看，新闻学、传播学在研究对象层面的异同主要体现在以下几个方面。在媒介范围选择的背景下，新闻学在知识领域研究过程中强调了对新闻媒介的运用，即将广播、电视、互联网、报纸等作为自身信息传播的主要途径，且就此为受众搭建良好的信息平台，便于其及时了解到全世界的重大新闻事件。而传播学在发展过程中将大众传播媒介作为自身媒介范围，即借助电影、书籍等达到信息传播的目的。在研究内容层面，新闻学在学科研究过程中将写作、采访、编辑等视为研究重点，而传播学更为注重对言论、文艺等知识的灌输，继而导致二者在研究对象层面呈现出异同的特性。

三、新闻学与传播学互动方法分析

在新闻学、传播学发展过程中为了实现二者的良好互动，加快探索步伐是非常必要的。如《新闻传播学》（1994年）、《新闻传播学原理与研究》（1995年）、《新闻传播导论》（1997年）等的出版均在一定程度上呈现了新闻学与传播学间异同的研究，且在研究过程中明晰了新闻学与传播学的发展，在一定程度上推动了社会生活的进步。同时"新闻传播学"概念的引进也逐步实现了新闻学与传播学的有效互动。此外，在新闻学、传播学研究过程中为了达成二者的互补，在新闻传播学概念界定过程中基于新视角、新审视路径的基础上达到了新闻传播过程发展的目的，且通过对英文表述方法"Journalism & Communication"的运用开拓了学者研究视角，最终推动了信息社会的进一步发展。此外，就当前的现状来看"新闻学""传播学"等课程也被逐步引入到高等教育中，继而实现了新闻学与传播学的良好互动。

四、新闻学与传播学未来发展方向

基于新闻学与传播学发展的背景，其要求相关专业学者在对二者进行研究的过程中应倡导学科间的交互学习，且利用二者的优势达到互补的研究目的。此外，在新闻学、传播学未来发展过程中二者将结合自身重点研究内容建构全面的发展系统，并在系统优化过程中保持自身属性、特点，最终避免同化作用影响到自身发展成效。另外，在信息社会背景下，学者应结合新闻学、传播学各自优势对社会发展过程中产生的重大事件展开报道及传播，便于受众在信息获取过程中及时掌控第一手社会新闻资讯，并对其展开传播。除此之外，在新闻学与传播学的发展过程中保障信息的真实性是非常必要的，因而应提高对其的重视程度。

综上可知，信息化社会的不断发展带动了新闻学、传播学研究领域的不断深入，且在新闻学与传播学的互动过程中"新闻传播学"概念也逐渐涌现出来。在此基础上，相关专家学者在研究活动开展过程中应从研究对象、研究层面、学术立场、研究方法等层面入手对新闻学、传播学间的异同展开更为深入的研究，最终为当代受众营造良好的信息传播环境，并由此拓展新闻事件等信息获取路径，达到最佳的信息传播状态。

第六节 媒介功能的泛化
与中国特色新闻学

媒体融合催生了"平台媒体"的出现，媒介功能亦迅速泛化、转型。媒体融合不仅融多种媒体于一体，甚至打破新闻媒体与政府、行业等信息中心的界限，建立起跨媒体乃至跨行业的融媒体中心，并把新闻传播、舆情监测、政策宣达、行政管理、公共服务、社区交互等多媒介功能和多种用途融于一体，向各类机构组织和公众提供多功能服务，担负起全方位资讯服务的"全媒体"角色。传统的新闻传播正迅速向资讯传播转变。顺应这一趋势，对融媒体产业链的全链条管理已经提上日程，新闻传播人才的培养亦与资讯收集、存储、整理、分析、传播等各个环节全面对接。从新闻理论到新闻实践，中国特色社会主义新闻工作正在变得丰富而生动，中国特色社会主义新闻学亦初显形态，并呈现蓬勃发展的态势。

美国学者马克·波斯特说过："人们很容易忘记媒介对交往关系的积极介入会达到何种程度。"从报刊到广播电视再到当下基于移动互联和人工智能技术产生的各类新型媒介，随着媒介技术的进步日新月异地推动着媒介功能的革新，媒介对人类交往关系和社会生活的介入与改变堪称天翻地覆，而近年尤甚。新闻传播学科亦一脉而动，在媒介技术和传播环境剧烈的变革中面临挑战，从理念到技术层面都在不断调整。

一、媒介功能的泛化与"平台媒体"的崛起

"媒体"与"媒介"是两个不同的概念。"关于'媒体'与'媒介'，多年来学术界一直混同使用，并未做明确的区分。而具体到媒体关系的研究上，对这两个概念进行区分就显得很有必要。笔者倾向把'报社'定义为媒体，把'报纸'定义为'媒介'；把'电台''电视台'定义为媒体，把'收音机''电视机'定义为'媒介'。"从铅字印刷到激光照排技术，从电子技术到今天的移动互联技术和人工智能技术，媒介技术的进步一直推动和引领着媒介功能的变革，也推动着媒体机构的变革。这种变革有时几乎是颠覆性的。例如 20 世纪 80 年代末中国很多报纸从铅字印刷开始改为激光照排技术，在一片"告别了铅与火，迎来了光与电"的喝彩声中，大批铅字排版工人和手工画版组版的编辑不得不下岗转岗，取而代之的是掌握电脑排版和激光印刷技术的年轻人。时至今日，曾经占据新闻传播主阵地数百年的报纸已经纷纷让位给日新月异的新媒体，电台、电视台亦不容乐观，三大传统媒体都在巨变的媒体环境中疲于应对，经受生与灭的挑战。

概而观之，同传统的媒体环境相比，当下的媒体正在经历两大质变：

一是传统媒体向融媒体转变。关于融媒体的讨论，学界和业界多有论述，一个广为流行的观点认为所谓的融媒体就是媒体融合，就是把广播、电视、报纸以及新媒体等融为一体，实现资源共享，在节约资源的同时提升传播效

果。例如人民网滕力认为："融媒体突破了媒体间的界限，将既有共同点，又有差异性的传统广播、报纸、电视台、网站资源整合，实现媒体间资源通融、内容兼容、宣传互融、利益共融。"中国新闻文化促进会理事长李东东在评价县级融媒体建设时亦持此一说，认为县级"各融媒体中心整合原所属的电视、广播、报纸、网络、新媒体等多个媒体平台，通过组织机构、生产流程、体制机制、人才资源等方面的深度融合，形成了'一体策划、一次采集、多种生成、多元传播、科学评价、有效应用'的全新生产流程和模式，取得了阶段性成果"。

事实上，对融媒体的这些解读既偏执一端，亦未看到融媒体的实质，这种实质就是媒体角色的根本性转变。这里我们首先需要对"融媒体"概念重新做一下诠释：融媒体不仅是指把多种媒体融于一体，同时也指的是把多种用途融于一体，让媒体肩负起多重角色。有学者把这种媒体称之为"平台媒体"。"平台媒体是指既拥有媒体的专业编辑权威性，又拥有面向用户平台所特有开放性的数字内容实体。"这一定义似乎有点理想化，因为从当下有影响力的平台如"今日头条"等来看，所谓专业编辑权威性虽未必做得到，但你不能否认它们是有影响力的平台媒体。亦有学者并不强调这一点，而简化概括这种"平台媒体"为"提供公共信息及其他信息的传播、交流、互动的平台"。当然，随着体制和管理机制的进一步完善，这些"平台媒体"也可能会逐步规范，逐渐增强专业权威性，这应该首先在政府主导开办的"平台媒体"上做到。以国家正在推动建设的县级融媒体为例，它们未来的"专业编辑权威性"应该不是问题。在功能上，过去县级媒体就是播报新闻的，现在的县级融媒体建设，就是要融合多种用途，让媒体中心担负起全方位的角色，包括县域新闻报道、舆情搜集、工作布置、政策宣达、社区互动，甚至包括农资销售、防灾预警、春种夏锄秋收冬藏等信息的推送等，融多功能、多角色于一体，实际就是要建立一个县级的资讯传播交流中心。

二是新闻传播向资讯传播转变。新闻媒体功能的泛化和向资讯平台的转变，是新闻媒体角色的一个质变。因应这一个质变，就有了第二个质变，即新闻传播向资讯传播的转变。所谓资讯是指为用户所需要、能够给用户带来价值的信息。资讯传播是一种具有方向性、目的性和价值性的信息传播。资讯相对于信息而言主要有两大改变，一是把信息从无序变为有序；二是把信息从无用变为有用。而资讯对于新闻信息而言，亦同样具备这样两大改变：如果在一个地点发生一起车祸，那是新闻；如果这个地点连续发生多起车祸，并经过分析梳理有了明确的原因指向，那就是资讯。

资讯传播与新闻传播有着本质上的不同。首先，从资讯传播角度来说，所有的信息都是具有价值的。资讯生产和传播的全链条都具有明确的价值诉求，具有明确的价值指向。而新闻传播则不同，虽然新闻媒体也刊发公关宣传、广告等具有明确目标诉求的信息，但毕竟受到限制，否则媒体只能关门大吉。更多的新闻信息只是天女散花式地为最广泛的公众提供一种信息消费——有时甚至连消费也谈不上，只是提供一种消遣。如果说这中间新闻媒体有价值诉求，也不过是希望最大限度地吸引公众的注意力，并把这种注意力打包再卖给广告商，新闻类信息本身的价值属性并不明显。

其次，新闻媒体对新闻的选择具有明确的要素限定，"新的事实、新的信息和普遍兴趣是构成新闻价值的三个基本要素，缺乏其中一个，便不能形成新闻价值。"这里其实可以归为两大要件：一是新闻姓"新"，强调时新性，不具备这一要件的信息无法吸引记者。二是新闻要具有"普遍兴趣"，复旦大学王中教授在谈到这一问题时说："报纸形成和发展的过程就是发掘探索共同兴趣的过程，'共同'的范围越大，报纸的销路就越广，如果仅是个别人关心的消息，只有个别人愿意看，就不能大量销售，也就不能维持简单再生产，只能关门。报纸就是依赖共同兴趣而生存的，这点不会再有疑问了吧？""新"和"普遍兴趣"这两者缺一不可，不同时具备这两大要件的信息就不会进入记者和新闻媒体的视野。从这一点来说，新闻媒体所生产的信息量是相对有限的。而资讯传播则不同，一是资讯传播并不强调时新性，它强调的是阶段性和相对完整性。资讯传播亦不强调"普遍兴趣"，而是强调区域性和方向性，哪怕是小众范围，只要是有用的资讯就会受到网罗或得到传播。二是与新闻媒体对信息的无比"挑剔"形成鲜明对照的是资讯传播来者不拒、无所不包，生活中任何具有方向性的信息，包括那些暂时无用但将来可能会有用的信息、局部无用但全局可能有用的信息都会受到青睐，并被尽收囊中。三是价值再生。建立在大数据基础上的资讯传播，其最大特征就是数据的价值再生。数据在传播中积累，在积累中传播，随着量的累积数据会发生质的变化，在积累和传播过程中实现数据价值的飞跃性增值，这已是人们对资讯传播的共识。相比而言，新闻媒体传播的新闻类信息，其价值的再生性并不强。如果我们把一条媒体新闻称为新闻本体信息，而把该条新闻置于社交大数据中所衍生的信息称为新闻再生信息，那么对于新闻人和新闻媒体来说，他们在采访和传播这条新闻之时可能并不会太在乎新闻再生信息，他们更在乎的是新闻本体信息的传播能够激起多大的漩涡，能够造成多大的影响。

　　融媒体建设的一个重要目标或者说它带来的一个必然结果，就是大数据的形成。这种数据上的聚合所产生的价值溢出效应会远远超出数据本身。数据链就是价值链，资讯的采访、收集、制作、存储、分类、分析、内部分发、外部推送、交互传播，每个环节都在产生着数据的价值溢出效应。这种溢出效应会强力推动新闻媒体向多用途媒体发展，推动新闻中心向资讯中心转型，推动新闻传播向资讯传播转变。

二、媒介功能的泛化与中国特色新闻学实践

事实上，在媒介技术推动大众媒介不断更新换代的过程中，媒介的功能一直向外进行着拓展，有时这种拓展甚至是飞跃性、颠覆性的。这种拓展概况来说就是从新闻传播向资讯传播拓展。人们逐渐发现新闻媒介除了最初赋予的新闻传播功能以外，又具备了宣传功能、舆论引导和环境监测功能。传播学者哈罗德·拉斯韦尔就首次提出大众传媒有三大功能——监测环境、协调社会、传承文化。社会学家查尔斯·赖特在此基础上又补充了第四大功能即"提供娱乐"。被称为传播学之父的施拉姆则概而论之为三大功能，即政治功能、经济功能和社会功能。后来人们发现大众传媒的新闻报道还具有情报的功能，包括政治情报、科技情报、经济和商业情报、军事情报等。"各种公开的新闻出版物本身就是重要的情报源而倍受情报人员的青睐。有情报专家声称：最公开的报刊往往隐蔽着最秘密的情报。世界上不少有名的情报研究机构，如英国的伦敦国际战略研究所、美国的兰德公司等，都是利用公开资料进行研究工作的。"进入网络传播时代，尤其是融媒体和大数据观的引入，随着算法的介入和数据价值的迅速上升，新闻传播迅速向资讯传播转变，媒介的功能进一步泛化。"由于算法的介入，如今新闻专业平台和资讯服务平台的边界日益模糊，正朝向'泛媒体化'发展。像网易新闻、今日头条等被称为'超级平台媒体'，它们不仅推送传统意义上的新闻，还根据用户的年龄、偏好、地域等因素推送诸如星座知识、美食、随笔软文等生活

服务类信息。新闻的功能从呈现经过核查和筛选的事实性信息、为公共生活设置议程，蜕变为碎片化、弥散性、时时微更新的资讯分发生态系统。"媒介在功能泛化的同时，对社会的介入呈现全方位态势，整个新闻传播业态也正在发生着质的改变。

党历来高度重视新闻媒介的多功能性并利用它们来推动工作，包括通过新闻媒介来宣传党的路线、方针、政策，通过新闻媒介来检验政策，反映和引导舆论，做好咨询和参谋工作，等等。这既是马克思主义新闻学所秉持的核心理念，也是从中国革命战争年代沿袭下来的优良传统，并成为今天中国特色新闻学的立脚点和出发点。列宁就曾经明确提出"报纸不仅是集体的宣传员和集体的鼓动员，而且是集体的组织者"。新闻媒体应该发挥舆论监督功能，但它不是独立于党和政府之外的"第四权力"，新闻记者也不应像西方倡导的"客观报道"那样不干预生活，新闻记者不是生活的消极旁观者，他不仅是生活的记录者，而且是斗争的参加者。不仅用发表报道参加斗争，而且就在采访过程中，也应以主人翁的身份适当地参加斗争。应该说，这应是社会主义国家记者的特点之一。新闻工作者要"把握时代的脉搏，认识新闻的作用，要看到新闻事业是党和人民的喉舌，担负着反映舆论、引导舆论的一个重要任务"。这一定位，正是今天中国特色新闻学发展的理论基础。

沿着这一定位，因应媒体融合和媒介功能的泛化趋势，党在中国特色社会主义新闻理论和实践层面上也在迅速跟进调整，并呈现出明显的阶段性发展特征。从早期对新闻宣传工作的强调转向新闻舆论工作，从立足三大传统媒体到近年来对新媒体、融媒体的重视，以及习近平总书记对全媒体概念的强调，可以看出中国共产党人对中国特色新闻实践方向的清晰把握。习近平总书记强调推动媒体融合发展要坚持一体化发展方向。事实上，如果把媒介的一体化视为"体"，那么媒介功能的泛化就是媒介之"用"，正是媒介的一体化助推媒介功能的泛化，助推新闻传播向资讯传播迅速转向，二者"体""用"结合，不可分割。倾力打造平台媒体，通过媒介的一体化来融合多类型媒体，并泛化和创新平台媒体的多种功能用途，为中国特色社会主义事业发展助力，正在成为中国特色新闻传播事业的方向和特色。

这种"体""用"结合已经在我国融媒体建设中开始了全面实践。在过去铅字排版印刷年代，新闻传播业务主要分为编采、排版印刷、发行和广告四大部分，其中编采业务属核心业务，广告次之，排版印刷和发行属辅助性业务。而进入融媒体和资讯传播时代，从资讯的采访收集到资讯的制作和分类存储，再到数据的分析分发、推送使用和交互传播，每个环节都被充分强调和赋予价值，过去一些辅助性岗位甚至成长为核心岗位，一些边际工作成为中心工作。例如过去媒体设置的群众工作部，基本是安排一些临近退休的老同志，处理一些群众来信，业务不多，压力不大。而在当下的融媒体中心，群众工作部则被推向前台，成为极其重要的部门。以长沙红网为例，该网站于2017年上半年成立了专门的网上群众工作部，该部门的主要负责红网《百姓呼声》《问政湖南》等湖南网络问政主平台、主阵地的建设和发展；收集群众意见、建议，推动各级党政部门及时调查、回应网民诉求；研究、分析网民诉求动态，并及时向有关部门提出建议，等等。部门将充分发挥互联网优势，进一步发挥媒体联系党和政府与人民群众的桥梁与纽带作用，把媒体的引导、监督、服务功能与党的群众工作有机地合二为一，"让数据多跑路、让群众少跑腿"。从这一定位上就可看出群众工作部在红网的核心地位，也可以看出这一过去编辑部的边缘部门正在被赋予诸多新的职能，不仅包括传统的新闻媒体既有职能，还兼行网络问政和服务等一些党委和政府职能，以及舆情收集分析和舆论引导等其他相关职能。其中很多已经超出了传统的新闻传播职业范畴，甚至向企业管理、行政管理、公共事务管理乃至国家治理等行业领域延伸。

这种生动的中国特色新闻学的传播实践，为我国新闻传播学科发展和人才培养指明了方向。其实，近年来国内各大新闻传播院系在新闻传播学科发展和人才培养方面已经开始了调整，这一点可以从随着新媒体的崛起而渐趋兴盛的媒体关系角度获得明确的观察。"媒体关系（media relations）是指社会组织为营造和维护良好的社会形象，尊重新闻媒体的运营规律，主动与新闻媒体开展交流互动，以期获得有利于自己的报道的行为。"媒体关系是在资讯传播环境下泛生出的一个新兴学科领域，它呼应资讯传播理念，倚重资讯传播的工具和方法，如舆情监测、资讯分析与资讯服务等，为企业、政府及非政府组织以及国家等提供相关产品服务。由于这些组织都有正确处理媒体关系，并通过处理好媒体关系进而处理好公共关系的诉求，因此近些年来媒体关系的课程需求旺盛，不但在国内的新闻传播院系开始大量开设，而且走出新闻传播院系，向管理学院和公共事务学院延伸，面向政府和公共事务组织、行业企业开展大量培训。课程设计亦多围绕舆情监测、舆论引导、危机管理、媒介素养教育与媒介运用，以及更具延展性的科学传播等相关领域展开，而这与传统的新闻业务"采、写、编、评、摄"相比显然是大大地拓展了。此外，近年来新闻传播学院毕业生的就业方向也发生了明显改变，以新闻专业为例，"大批新闻学专业毕业的学生大概只有20%~30%去了新闻媒体工作。一些媒体的管理者称不愿招聘新闻学专业的毕业生进入媒体，他们宁愿要一些其他专业的毕业生去从事日益专业化的新闻报道工作。但是有意思的现象是，这些年新闻学专业的毕业生在就业方面似乎并未表现出多么困难，很多学生都找到了相当不错的工作，那么，这些学生都去了哪里？笔者调研发现，这些学生都去了行政企事业单位从事新闻宣传等媒体关系工作了。"事实上，这些进入行政企事业单位的学生大多工作于该单位的新闻中心或信息中心，或依托外部"平台媒体"开展资讯传播工作来服务于本单位，这些"中心"已不是传统的报社或电视台，从事的工作亦远不是传统的新闻宣传工作，而是包括了资讯收集、舆情研判、舆论引导、危机管理、政策推送、公共事务管理等在内的一系列工作。从业界到学界，从实践到理论，中国特色新闻学的学科架构和人才培养模式正在初步形成。

三、中国特色新闻学背景下的资讯传播人才培养

2016 年 2 月 19 日，习近平总书记在北京主持召开党的新闻舆论工作座谈会，发表讲话时明确指出："随着形势发展，党的新闻舆论工作必须创新理念、内容、体裁、形式、方法、手段、业态、体制、机制，增强针对性和实效性；要适应分众化、差异化传播趋势，加快构建舆论引导新格局；要推动融合发展，主动借助新媒体传播优势。"针对媒体融合发展的现状，针对媒介功能的泛化和新闻传播职业的泛化，党新闻传播人才的培养提出了明确的转型升级要求。

从传统媒体时代进入到融媒体时代，从新闻传播进入到资讯传播时代，新闻传播人才的转型培养涉及很多方面，但最核心的应该是基于资讯传播的特点，顺应资讯传播的需求，由新闻传播专业人才培养向资讯传播人才培养大踏步转型。而这一转型过程中，最核心的工作是资讯素养教育。ACRL（美国大学与研究图书馆协会）的《高等教育信息素养能力标准》(Information Literacy Competency Standards for Higher Education)，提出评估大学生信

息素养的标准，认为一位有信息素养的大学生应该具备如下素质：知道信息的范围；有效地取用需要的信息；批判性评鉴信息与信息资源；知道整合信息到自己的知识库；有效应用信息来实践各项任务。

借鉴上述评判标准，并结合中国特色新闻学实践，我国资讯传播人才的资讯素养教育至少应该包含以下三个方面：

一是强化资讯传播理念的教育。从新闻人的角度来说，因为新闻姓"新"，采访人物事件首先强调的是"时新性"，所以过去我们培养新闻传播人才就像培养采茶人，总是教他们去采摘最新鲜的茶尖，全力去采访、去抓取最时新的信息，导致新闻记者对一般性信息并不感兴趣。进入到资讯传播时代，我们恰恰需要反其道而行之，首先要教育学生去认知基础数据的重要性，强化数据的价值意识，要在基础数据的采访搜集、收储积累、分类分析、多功能应用上下功夫。这不仅是个技术层面问题，更是个观念层面的问题。不管你愿不愿意面对，未来的新闻工作者必然会泛化成为资讯工作者，或者说应该首先是一位资讯工作者。其次要强化整合传播、一体化传播的教育，而不是像传统媒体记者那样更多靠单打独斗。正如习近平总书记所指出的，"推动媒体融合发展，要坚持一体化发展方向，通过流程优化、平台再造，实现各种媒介资源、生产要素有效整合"。这种一体化、融合化、流程化、协作化，乃是资讯传播时代大众传媒的共性化发展趋势。

二是强化调查研究观念的教育和调查研究方法的训练。"重要性"和"显著性"是传统记者选择采访报道新闻的重要标准。而一些"会议新闻"和"领导新闻"往往最符合这两个标准，因此一些记者就养成了"浮在上面"的习惯，乐于跟着领导跑会议，成了"会议记者"，媒体也被"会议新闻"所充斥。早在 1989 年，习近平总书记在宁德地区工作时就批评过这种现象："从我们地区的情况看，目前有部分新闻工作者调查研究不够深入，坐在办公室里想点子，靠简报、会议材料编稿子，有时下乡了，也是'走马观花'。从现有报纸、电视台上的报道看，内容深刻、质量高的还不很多；特别是有很多好的题材报道不出去，这和深入实际不够有很大关系。"他当时就强调记者"要发扬艰苦奋斗精神，深入调查研究。深入实际，调查研究，这是党的优良传统，也是新闻工作者必须具有的工作作风。报道写得好不好，与新闻工作者能不能深入实际，深入采访很有关系"，并指出："调查研究是新闻工作者的基本功，是新闻工作者成才的根本途径；只有坚持调查研究，才能使自己锻炼成思想端正、作风扎实、业务过硬的新闻工作者。"为了改变这种现状，2003 年中央在《关于进一步改进会议和领导同志活动新闻报道的意见》中提出"三贴近"原则，即记者和新闻媒体要"贴近实际、贴近生活、贴近群众"。2011 年中宣部、中央外宣办等五部门再进一步，部署各媒体开展"走基层、转作风、改文风"活动，简称"走转改"，目的是改变记者"浮在上面"的工作作风。

进入资讯传播时代，新闻工作者更需要强化调查研究的工作作风。事实上，进入到资讯传播时代，新闻工作者可能需要防止的不仅是"浮在上面"的作风，更要防止"浮在数据"中的工作作风。做数据工作久了，就很容易养成从数据到数据的工作习惯，形成习近平总书记所说的"靠简报、会议材料编稿子"的状况。而且随着各类社会组织拥有的数据呈几何数量的增加和算法的成熟，新闻工作可能会比过去变得更加"容易"——记者们可以很轻松地把需要的数据一网打尽，甚至可以交给机器去生成文本，久而久之，很多新闻工作者可能就会成为"浮在数据"中的一族，变得越来越脱离实际。因此，多渠道搜集数据、辩证地看待数据、合理地使用数据，尤其是重视数据与社会生产生活实际的结合等，都需要在新闻传播人才的培养中得到强调。

三是强化资讯传播的伦理教育。这是一个为新闻传播界日益重视并使其忧心忡忡的话题。各类组织包括政府和非政府组织、公司企业等，他们生产、收集、存储、控制资讯的能力空前增强，资讯的机构化程度也越来越高，在资讯传播的链条上他们也越来越占据主动地位，互联网正在从过去的自由化、去中心化重新走向板结化、中心化。而大量的新闻传播人才从业其中，他们就必须面对服务本单位还是服务社会的问题。这两者有时是孰前孰后的问题，有时甚至是不可调和的尖锐冲突。在资讯传播时代，我们需要教育学生，告诉他们在为本单位服务的同时，更需要为社会服务。他们应该站位更高、境界更高一些，更好地肩负起社会责任。如果他为了自己所在单位利益可以不择手段，那当然不是我们培养的目标。

资讯传播时代的伦理问题涉及方方面面，例如用户隐私泄露并被恶意使用的问题已变得异常严峻。2018年4月10日至11日，Facebook公司CEO扎克伯格在美国国会就"剑桥分析丑闻"和有关其公司数据收集惯例接受质询，他承认"我们在防止这些工具被滥用和产生伤害等方面仍做得不够。有人利用Facebook平台散布虚假消息。此外，还有人在Facebook平台上发布仇视言论，另外还涉及开发者和数据隐私的问题。"

另外，基于算法的资讯推送也饱受诟病。每个用户的每一次浏览选择、每一次购买或其他消费行为，都会被记录并被视为偏好性选择，然后就是无休止的个性化推送，"让你一次看个够"，让人感觉说不出是被充分服务了还是被困住了。这种充分的资讯"喂饲"实际意味着另一种剥夺，它严重窄化着用户的信息世界，也窄化着用户的认知。它带来的问题正如有学者所言：

"算法给每个人都定制了一份特殊的动态算法模式，一方面算法基于用户阅读习惯和内容进行推荐，另一方面用户每一次浏览又被算法所记录，并且直接影响下一次推荐，这样整个'私人定制模式'就是一套加固循环模式。长此以往会造成'信息茧房'和'回音壁'效应，受众仅仅安于处在和自己意见相同的圈子里，具有排他性、固执性。这就使得人与人之间共通的价值观越来越少，对社会'公共意见'越来越麻木。"而"人文主义的终极目标是关注将个体维系起来的社会纽带，也是涂尔干所说的具有道德特性的集体意识或共同意识"。大众传媒最重要的任务之一就是最大限度地沟通社会共通的价值观，扩大共同的公共空间，以维系社会的良性运行与共同进步。而新闻传播教育的目标亦是要培养学生对社会和公共空间的关注，培养学生的人文精神，以防止他们在资讯传播中扛着"以人为本"的幌子而离人文主义渐行渐远。除此以外，传播伦理与传播安全如资讯泄密问题、国家安全问题也密切关联，习近平总书记就明确提出："要从维护国家政治安全、文化安全、意识形态安全的高度，加强网络内容建设，使全媒体传播在法治轨道上运行。"此外，融媒体平台和资讯传播带来的其他问题，如网络诚信、网络侵权、群体极化和舆论极化等亦是亟须解决的问题，正如有学者所言："从当下的发展趋势看，如何处理好信息的自由获取和国家安全风险的关系、增强社会网络和参与公共生活的关系、享受技术便利与加强隐私保护的关系、促进网络社交与重建网络信任的关系，是全球平台媒体发展需要共同面对的挑战。"这些挑战亦是中国特色新闻学背景下我国新闻传播人才向资讯传播人才转型过程中必须面对的问题。

第七节 论近代中国新闻学讲义的学术经典化

在学科初创时期，多数学术经典产生于大学课堂讲义。在教师充分投入，保证内容和表达的优良品质的前提下，新闻学讲义的学术经典化过程见证了学术经典产出的某些共同规律，即师长提携、学生美誉、出版便利等是其关键性外在因素，体现了学术生产中的权力、知识、财富分层的结构性功能。

现代中国新闻学著作中被公认为是经典的有三部：《新闻学》《实际应用新闻学》《中国报学史》，其中理论新闻学、应用新闻学、历史新闻学各一，都是各领域的开山之作，是传递近百年而不衰的佳作。这三部学术经典都产生于大学课堂讲义。《新闻学》是中国人所著的第一本新闻学著作，是徐宝璜在其北京大学课堂演讲稿的基础上完成的；《实际应用新闻学》是邵飘萍在北京大学新闻学研究会授课时的讲稿，后来又作为新闻系的教材；《中国报学史》是戈公振被上海国民大学聘请讲授中国报学史时所写。20 世纪 20 年代至 40 年代，出于大学讲义的新闻学著作总计十多部，但被公认为经典的只有这三部。在此，我们需要追问的是：这 3 种著作是不是完全因为其学术品质成就了它们的经典地位；如果不是，还有哪些因素在起作用？课堂讲义要想成为学术经典，除了内容的创新与丰赡外，还需要各种机缘和外力。

现代社会学中的社会分层论认为，在所有文明社会里，社会成员、社会群体之间的差异和分化现象是普遍存在的。其中根源在于不同的人拥有的权力、知识、财富是不同的，人们据此各归其位，在行政系列、技术系列、经济系列中找到自己的位置。同时，人们也需要寻求自身之外的权力、知识、财富系列助其完成职业生涯规划，如依靠履职单位和领导、长辈为其铺平职业发展道路、提供使其知识"变现"的成果面世机会，依靠学生发扬光大同门学术、"创造性转化"同门传统。对近一个世纪以前的中国新闻学开创者们来说，他们在技术系列的拔尖、冒头就与他们身边的师长、学生以及出版便利紧密相关，这时，师长提携是"权力"的象征，学生传承是"知识"的表征，出版便利是"财富"的体现。

一、师长提携与学术平台助力

在徐宝璜的成功路上，北大校长蔡元培是一位"大贵人"。蔡元培与徐宝璜的父亲曾在欧洲相识并很快成为挚友。从徐宝璜 15 岁起，蔡元培就一直指导、鼓励和帮助他成长。1917 年初，蔡元培刚一掌校北大，就聘请徐宝璜为北大教授，不久徐宝璜又被选为校长秘书室主任。紧接着，蔡元培从教育体制和学术体制两方面全方位为徐宝璜铺设道路，促其成功，体现出学术权力运作的典型特征。

1918 年前，徐宝璜只是北大英文本科教授，与其所学不太相符，他在努力寻找能够施展所学的机会。有学者说，1918 年春，罗章龙、谭鸣谦（谭平山）等人向徐宝璜提出校内组织课余研究新闻的团体的建议。近年来，周婷婷、邓绍根都以扎实的史料否定了罗章龙在其中的作用。至于谭平山的作用待考。涉事者罗章龙则说，是邵飘萍倡议蔡元培设立新闻学研究会的。但是，邵飘萍在 1919 年 4 月为徐宝璜的《新闻学》作序时说："去年之春蔡校长有增设新闻讲演会之一计划，余乃致书以促其成。"可见，邵飘萍并不是此事的促成者。不管新闻学研究会的首倡者是罗章龙，还是谭平山，或者别的什么人，当今学界已经达成以下共识：蔡元培在北大开展新闻教育、新闻学研究的决定，肇始于他和徐宝璜的商议，后来又得到邵飘萍的助推。其中，蔡元培是关键性人物。也就是说，正是蔡元培为新晋教授徐宝璜新建了一个教学与学术平台——北京大学新闻学研究会，并自任会长。只有建立了这样一个平台，才能在北大还没有新闻学科的条件下，让徐宝璜"溢出"学科体系之外开设新闻学课程，进行新闻学研究。对于一个新兴学科的撰述，除了作者的确有功力能够写出扎实而厚重的内容外，学术传播平台和学术身份至为关键，它涉及学生认可、学术传承、出版便利等多个方面。当然，没有新闻学研究会这一学术共同体，徐宝璜也可以讲授新闻学，但是，没有"组织"平台，只在大学讲授选修课，乃是边缘化行为，生产不了学科经典，甚至著作的出版也没有正当名义。这对于年轻的徐宝璜来说，他在美国留学时所学的新闻学知识就难有施展身手的场地。正因为有了新闻学研究会，才有了北大乃至全中国的第一次新闻学教育活动（这是周婷婷、邓绍根的观点。他们认为，中国新闻学教育始于徐宝璜 1918 年 10 月 14 日在新闻学研究会成立大会上的第一次讲演，而不是其他学者所主张的始于 1917 年或 1918 年暑假徐宝璜为北大政治系开设新闻学选修课，因为这个所谓的选修课，查无证据），也才促成了两部新闻学经典著作的诞生（新闻史权威人士认为，邵飘萍著作的完成也主要得益于新闻学研究会）。当时，一旦有了该组织成立的确切信息，徐宝璜就立即着手为之撰写讲演稿，并利用种种学术发表与出版的方便，推出自己的研究成果。1917 年，徐宝璜主编《北京大学日刊》。1918 年秋，《新闻学》的第二次修改稿就发于该刊。1919 年至 1920 年，徐宝璜还在大型学术刊物《北京大学月刊》发表过 3 篇新闻学论文。1919 年夏，《新闻学》第三稿发表于邵飘萍任主笔的《新中国》月刊上。1919 年 12 月，徐宝璜以北大新闻学研究会名义出版了《新闻学》第四稿。在学术出版条件尚不优越的中国，徐宝璜如此一而再、再而三地发布他的新闻学讲稿修改内容和基于讲学而研究的内容，不能不说是得体制之便。同时，1918年夏、1919年冬，蔡元培拨繁去冗，两次为《新闻学》写序、改序，不吝美誉之词，称《新闻学》"在我国新闻界实为'破天荒'之作"。甫一面世，《新闻学》便定格为中国新闻学学科教育和学术研究的重要元典之一。

相较于徐宝璜的轻易成名，戈公振想要成为知名学者，还需要艰辛打拼。1925年，年长徐宝璜4岁的戈公振，在徐宝璜成为教授8年后才来到上海国民大学讲授"中国报学史"，为自己成为一个学者而奋斗着。对于戈公振而言，他看重的到底是他已经在报界取得的成就和身份，还是他尚未得到的学者地位和形象？因为缺乏第一手资料，不好直接下断语。但是，从已发现的稀少资料可以推知，记者、学者身份兼备的戈公振，对学者身份有着深厚的情怀。何况，虽然他做过短暂的《时报》总编辑，但整体上看，他的记者道路是坎坷、不如意的，而投身学术研究则可能获得一些补偿。学者是一种自由职业，它可以由着自己的兴致一直做孤独的奋斗；也可以在大学教学之余梳理思路、发现问题，联缀成文。戈公振就是后者的代表。

学者形象重要，有什么样的学者形象更重要。戈公振得不到徐宝璜那样的体制便利，就不得不借助传统学科历史学和现代化意识形态另辟成功路径。后来证明，这一路径使得他成为报学史研究的奠基人，其观点影响了吴晓芝、胡道静、黄天鹏、曾虚白、方汉奇等众多学者。

二、学生美誉与传承

学生在课堂上的认可是讲义经典化的第一步，可是，学生是一个极富变动性的群体，他们的影响远不止于校内。他们走上社会后会成为各方精英，包括学术精英。大学课堂里的点滴，会化成他们今后教学与研究生涯中的血脉。觉悟到这一点的学者尤为注重影响人脉，尤为注重团结同门弟子。虽然希望自己的学生能够在学术上"接着说"，但首先希望他们"照着说"。学术传承是学术进步的基础，也是扩大影响的主要方式。

不过，民国时期的新闻学研究，同行之间的影响极为微小。据朱至刚检视，作为奠基者，徐宝璜、邵飘萍两人及其专著，只是被《中国报学史》等后出之作提及名字却只字不引。这种情况，到 20 世纪 30 年代的复旦大学新闻系才有改观，学术研究初步形成规训与协作。于是，在以后 10 年左右的时间里，早期新闻学经典的传承多赖"在场"的听讲者还原其内容及复述其感受。但是，北大新闻学研究会的学生"结业后没有一人选择以新闻为终身职业"，他们对于这段求学经历不像传统人文学科毕业生那样喜好写传记、做回顾，所以在代际更替之后，留下来的历史资料极为少见。然而，即使是这极少的还原性文字，也足够引起后人的仰慕。

邵飘萍《实际应用新闻学》的成功多取自自身的记者实力与声望以及由此带来的资源，特别是界外资源造就了这本"道义新闻学"。传统观念认为，文品和人品相谐；责任担当、烈士情怀，也正是新闻采访教科书中所需要灌输给听众的。于是，时间越久，历史细节被遮蔽后，其形象越完美，其著作越经典。

当然，作为"知识"层面的学生传承，我们更看重的是后来成为学者的学生的反应。

徐宝璜曾经为北京大学新闻学研究会、中国文学系（1920 年后）和政治系（1924 年后）的学生开设过新闻学选修课，其影响对象十分广泛，但毕竟是演讲和选修课。到 1923 年他为北京大学平民学校新闻系开课时，徐宝璜的讲义影响才主要是在报学系学生之内。黄天鹏是早期新闻学者中著述最多者，是本位新闻学时代的总结者，对徐宝璜在新闻学界地位的确立功不可没。1923 年，在北京大学平民学校报学系，黄天鹏是徐宝璜的学生，所以他后来（1930 年）说他的新闻学基础知识的建立得益于徐宝璜的"启蒙的课本"《新闻学》，并且盛赞徐宝璜："先生一生最大的贡献，就是提倡新闻学，在一二十年以前，新闻记者在社会上认为无聊的文人，新闻纸一般人认为遣闲的读品。先生众醉独醒，大声疾呼，以改造新闻事业为己任。于是国人始知新闻事业之价值，新闻记者乃高尚的事业。新闻界风气的转变，这是先生提倡的效果啊。""启蒙的课本"说法最早见于黄天鹏为《新闻学》1930 年重印本所作的序言。后来，"启蒙的课本"的说法还出现在黄天鹏与复旦大学新闻系学生的座谈中："最初启蒙的课本是徐宝璜先生著的《新闻学》，我开始对新闻学有了模糊的印象。"此类反复表达，意在表明他与徐宝璜的新闻学研究的师承关系，但这也无疑加大了徐宝璜的新闻学理论的学术影响。

如果以上还是侧重于从《新闻学》对个人与业界的影响来评价徐宝璜，那么下面的表述就是直接对徐宝璜及其著作的学术评价了。黄天鹏多次在徐宝璜的周年忌日之时深情地追悼徐宝璜的新闻学研究功绩。例如，1930 年6 月，他在《新闻记者》刊登《悼徐伯轩先生》；1931 年 6 月，撰写《九江先生周年祭奠》；1940 年 5 月，在《新闻学报》发表文章《记徐宝璜先生》等。同时，黄天鹏也有对徐宝璜的著作的直接评价之语。1929 年，他说："徐复著《新闻学大意》以昭示世人，俾学者有所适从。"词句简短，却寄意高远：《新闻学》为后来者的研究规定了方向和路径，有发凡起例的作用。1930 年，他推荐《新闻学》是"在初学新闻学的人最适宜的，也是学校最好的课本"，并说它"在新闻学史上应居最高峰的位置"。意即，《新闻学》

既是优秀讲义，更是学术经典。1942 年，他在一篇学术总结论文中又说，徐宝璜"对于新闻学的造诣极深"，《新闻学大意》"奠定中国新闻学理论的基础"，"对新闻学的定义，新闻的界说、采访、编辑、社论以及广告、发行、工场设备等，都有概要的叙述，与正确的解释"。从 20 世纪 40 年代开始，在黄天鹏、李大哲、袁昶超等人的笔下，徐宝璜被定位为开拓新闻教育和新闻研究的"双料"第一人。后来学者对徐宝璜及其《新闻学》的评价都没有超出他们定下的这个调子。《新闻学》作为经典，此时焕然已成。

黄天鹏不仅是学术传承的起点，还是一个良好的中介。通过他，徐宝璜的影响跨越地域之隔，到了上海复旦大学的下一代学子身上。1930 年，黄天鹏应聘复旦大学新闻系教授，他的学生陶良鹤、郭箴一、杜绍文的新闻学论文出版了单行本，其主要观点、学理脉络都有明显的"接着（徐宝璜）讲"的痕迹，即："以黄天鹏为中介，以徐宝璜为当然的依归"的线路日渐清晰。同时，在类似文本中还可以见出其他学者（如戈公振）的影响；学生的论文中对教师的著述的引用也已经相当普遍。总之，其中的学术规训与脉络已经非常清晰。这里仅仅就新闻定义来看徐、黄二人的承接关系。两人都是"事实"说的代表，徐宝璜说，新闻是"多数阅者所注意之最近事实"；黄天鹏说，新闻是"最多数人所注意而感兴趣的最新事实"。后者基本上是前者的翻版，新加的"感兴趣"三字可有可无，因为"所注意"大致就包含了"感兴趣"的意思。徐宝璜以降，以"事实"定义新闻成为国内多数人所惯取的路径，如邵飘萍、戈公振、范长江、徐铸成、胡乔木、恽逸群等人都是如此。

受业学生对于《新闻学》成为经典的贡献，当然不只在于他们对教师的颂扬和传承上，也表现在课堂的教学相长上。徐宝璜写出《新闻学大意》之后，拿来作为新闻学研究会的讲稿初稿，讲过一轮后，他根据听课者的质疑问难和心得体会，对初稿加以大幅度修改，写成了内容更加充实的第二稿。这种教学相长的事例，也同样发生在邵飘萍与会员之间。他同会员切磋新闻学理，"不断将自己的新闻采访实践经验加以完善和提升为学理知识，成为他撰写《实际应用新闻学》的最早动机和素材"。此中的"提升"过程就包含随堂听课学生的功劳。

三、出版亟需与便利

除了师承的优势，民国初年大学的讲义还有出版的便利。正是教材出版，使得教师的劳动成果从飘忽即逝的声音固化为永久传承的文字。

清季兴学，新式学堂教育要分科教学，所分之科又都是新知识、新领域，于是教科书就显得极为缺乏。到 20 世纪 30 年代中期，燕京大学新闻系主任梁士纯还在抱怨："在最近几年来，关于新闻学或新闻事业的著作，也可算不少，不过这些书籍大致都是属于普通介绍的性质，不能作班上的课本之用。现在所急需的是中文的教科书，以中国的情形及需要为背景，而根据实地的经验、研究，所写出来的教科书。这并不是说外国文的书籍绝对不合用，不过在这些外国文的书籍外，还应有以中国报业为对象的中文书籍来补充。"

到 20 世纪 40 年代末，储玉坤仍在重复类似的老调，"在教授方面，感到教材的缺乏，觉得没有什么可以教学生"。

编写教材，往往需要从讲义开始，于是，各大学热衷于从教师的讲义中遴选优秀者出版"大学丛书"，这给讲义的出版提供了极好的机会。如 1921 年 9 月，王云五主持商务印书馆编译所后说："所有大学课本，向来唯外国文字之出版物是赖，读者了解终不如本国文字之便利。今后当谋更进一步，编印以本国文撰写之大学教本，计亦唯有以各大学教授所编著者择优采用为宜。"根据有关资料，民国时期新闻教育者的从教时间与其新闻学研究成果的产出时间相差无几，有的完全同时，有的相差一二年，最多的也只差四五年。

具体来看徐宝璜、邵飘萍、戈公振的 3 部经典著作的产出情况。因为蔡元培决定聘请徐宝璜任职北京大学新闻学研究会，在 1918 年秋新闻学研究会正式成立前，徐就已经着手研究新闻学半年有余，其研究成果发表于《东方杂志》1918 年的第九、十、十一号。待到在新闻学研究会授课以后，他就一边讲课一边将讲稿（《新闻学》第二稿）刊登出来。尔后，第三稿还在刊登之中，第四稿就在 1919 年 12 月由北大出版部印行全书。此后至 1949 年前，《新闻学》又再版过 3 次，1949 年后又出版过 4 次。1919 年 8 月，因得罪段祺瑞政府，邵飘萍远走上海，他在北大新闻学研究会不足一年的讲稿，加上 1920 年在日本新闻学会的听课，综合形成了《实际应用新闻学》，并于 1923 年 9 月由京报馆印制，商务印书馆代为发行。从书稿杀青到出版，期间大概两年多时间。1925 年，戈公振应邀在上海国民大学讲授新闻学，开始编写《中国报学史》，次年完成书稿，1927 年 11 月由上海商务印书馆出版，一年后出第二版，1931 年、1935 年出三、四版。后来，在台湾、香港等地区也都出版过。其出版速度之快、出版频率之高可见一斑。由上可见，学术著作在成为经典之前，大学在出版方面的资源（包括经济、人脉等资源）居功至伟。而讲义的一再出版正是其经典化的重要过程之一。

比较而言，任白涛著作的出版就艰难得太多。任白涛的《应用新闻学》一书，从 1916 年冬开始撰写，1918 年夏完稿，曾交给商务印书馆出版，但被拒绝。1922 年 11 月，名义上由中国新闻学社出版，实际上是作者自费出版。甚至，后来有学者认为，该书的实际出版时间是 1923 年 11 月。如童兵、林涵认为,任白涛于 1916 年冬至 1918 年夏完成中国人自撰的第一部《应用新闻学初稿》,但却迟于邵飘萍的《实际应用新闻学》。任白涛占据了新闻学研究的领先地位,却因为出版延迟,失去了其领先地位的影响力。这一直是他心中之痛。其原因并不是任白涛的资历比不上徐宝璜(他比后者年长 4 岁,两人都是留洋学生),也不是著作的水平不够,而是因为任白涛从来没有教师的名头,更不用说是著名大学的教授了,他一生从事的工作是自由研究和行政事务。因为他的非教师身份,所以既没人传承他的学术,也没有机构主动承担因为没有大学生这个固定消费群体而存在的出版风险来推出他的著作。说来可叹的是,《应用新闻学》被胡适慧眼识珠从而得到更好的出版机会还是因为有人剽窃该作,商务印书馆应该担责,胡适从中斡旋,并引见上海亚东图书馆主持人与任白涛相识,从而使该作得以出版。

新闻学经典的形成有赖于作者深厚的学养、强烈的责任意识,外加丰富的实践经验,这是经典之所以成为经典的前提条件。学术经典的产生还需要依赖于反复的出版传播,也依赖于学生的传承与美誉、教师及长辈的提携。套用上文言及的社会分层的三系列理论,年轻学者的成长实乃笼罩在教师的关怀("权力")、学生的阐发("知识")以及出版/发表("财富")的"福荫"之下,三者形成中国现代新闻学者知识生产中成名立家的一个自足的外在"闭环"。

师长提携,给予当事人各种学术机遇和平台,其中,对于绝大多数人而言,主要是给予出版(含发表)的便利。因为学术成绩的最终检验指标是学术成果,而成果必须出版(含发表)才能得到见证。在大众传播时代,"不出版(含发表)不成果","述而不作""作而不'出'"的时代已经一去不复返。至于学生传承,则不能只靠学生在课堂上和日常生活中的口头传播,人际传播的结果都会"随风飘逝"。如果要固化这些传承之音，一是靠学生在他们出版的著述中传承乃师的学术精神和要义，二是靠他们在公开发表的文字中深情回忆和赞誉乃师的行止和风范。这时，出版传播就将本属于"私密"的师生关系大规模"公开"了，履行着一种特殊的"议程设置"功能，实现了学术权力的"舆论导向"。由此可见，大众传播在师生迭代的人际传播中的作用不容小觑。

第五章 新闻学教育的实践应用研究

第一节 人工智能时代新闻学教育的路径创新

我国新闻学教育最早可追溯到 1918 年北京大学新闻学研究会的创立，在这百年的发展历程中，新闻学教育历经了以传统报学为中心的新闻采编人才培养到以电子媒体为转变的新闻视听剪辑编辑的人才培养模式。在当下，人工智能技术已经被广泛运用到新闻的生产、分发和反馈等诸多环节，并带来适应领域单一、文章同质化且深度不足、过度依赖人物画像，易造成信息茧房、用户反馈途径单一，反馈信息利用欠缺等困境，亟需新闻学界培养跨学科人才，撰写有深度有感情的文章，培养拥有新闻算法推送和新闻编辑素养和重拾故事内核、提升人机协作能力的新闻人才。

人工智能一词，由麦肯锡于 1955 年所创造并提出。我国在 2017 年明确实施《新一代人工智能发展规划》，旨在促进人工智能产业发展，推动人工智能和实体经济深度融合。随着人工智能技术被广泛应用于新闻实践之中，新闻学界和新闻业界也开始反思其所带来的新闻传播困境和伦理失范等问题，并对新闻教育创新的路径展开了一系列的思考。

一、人工智能技术在新闻业的运用

大众传播发展的历程一直伴随媒介技术的革新，媒体对技术的路径依赖源自技术革新所带来的发展红利。人工智能技术在新闻生产、分发、反馈等环节的运用，重构了传统的新闻运作模式，加快推进了媒体的融合发展与转型升级。

（一）人工智能技术在新闻生产领域的运用

在新闻生产领域，人工智能技术重塑了新闻的生产流程，写作机器人被广泛接受并运用到新闻生产实践中。写作机器人通过对大数据、云计算等技术的利用，具有新闻生产速度快、效率高等优势，使新闻即时写作、发布成为现实。如在 2017 年 8 月的四川九寨沟地震新闻报道中，新闻写作机器人在事发后仅用了 25 秒就发布了第一条关于此次地震的报道，报道中还包含了数据、图片等新闻信息，彰显了其强大的人工智能优势，成为人工智能技术在新闻生产领域的运用典范。此外，写作机器人还可利用海量信息和数据优势，为记者和编辑人员完成一些常规的基础性工作，把新闻工作者从烦琐的机械工作中解脱出来，进而有精力从事更多有意义的新闻生产活动。

（二）人工智能技术在新闻分发领域的运用

在新闻分发领域，人工智能算法能够实现新闻个性化、定制化的精准推送，"千人千报"成为现实。人工智能算法会捕捉每个用户在互联网平台的活动痕迹，并对活动数据进行收集、存储、分析，由此完成对每个用户专属的"人物画像"。平台会对不断收集到的用户数据进行实时更新，"人物画像"的清晰度和精准度也就不断增强。人工智能算法在推送内容给用户时，会依据用户的"人物画像"与所要推送的文章内容进行匹配，从而增强用户对平台的依赖。

（三）人工智能技术在新闻反馈领域的运用

在新闻反馈领域，随着 AR/VR 技术的不断完善，用户可以通过佩戴相应的仪器感受亲身临场的感觉。而传感器不仅是各类信息采集的媒介，也是用户反馈的有力工具。它通过对用户生理层面信息的采集，从而拓展到对用户心理层面的分析。传感器会记录用户的一系列，如心跳速率、脑波状态、眼动轨迹等数据，进而分析用户的心理信息，并利用这些数据实时更新用户的人物画像，从而在不同场景、不同情绪、不同状态下提供适配的新闻信息给用户。

二、人工智能技术在新闻业遇到的挑战

随着人工智能技术的快速发展，各媒体也纷纷引入人工智能技术，以期获得更多的价值创新。但一种技术的运用总伴有风险因素。当下的人工智能技术还处于弱人工智能时期，其所暴露的弊端也已经呈现，有待新闻教育的参与和规避。

（一）文章适应领域单一，同质化且深度不足

机器人写作在新闻生产领域中的运用已十分普遍，但机器人写作的新闻是通过既定有限的新闻生产模板来完成新闻生产，换句话说，机器人的写作缺乏新颖性、深度性与灵活性，写作模式僵化，形式千篇一律。新闻从业者需要拥有丰富的人文情感，好的新闻作品也常体现记者实地采访后对社会问题的思考和对弱势群体的人文关怀，而机器人写作尚未能感知、理解并表达上述情感。由于写作机器人先天缺少人文关怀的情感基因，其生产的文

章缺乏人情味，冷冰冰的报道难以唤起受众的共鸣。此外，在弱人工智能时期，其写作内容常有悖常规逻辑，行文错误频出。

其实很多新闻事件背后的真相都隐藏着复杂人性与社会背景，需要记者进行深度的调查与大量的取证，很显然现在的机器人写作无法根据表面事实从而联想到深层的关联，无法对新闻事件进行披露与总结。这也解释了为何当前机器人写作适应的领域狭窄，更多的还是集中在财经、体育、突发性新闻报道等领域。

（二）过度依赖人物画像，易造成信息茧房

在人工智能时代，用户的一切网络行为都可以数据化，且数据还可被收集、统计和分析。人工智能算法如今被广泛运用到"今日头条""一点资讯"等各大信息平台，用户看到平台推荐的信息往往都是自己所感兴趣的话题与内容。有目的地向用户推送相匹配的信息，一方面击中了用户对特殊信息的需求，另一方面也阻断了用户对其他信息的接收，久而久之用户就被束缚在这一"隅"之地，成为"井底之蛙"，陷入"信息茧房"。

（三）用户反馈途径单一，反馈信息利用欠缺

当前用户利用人工智能技术进行反馈的途径还很单一，主要就是利用AR/VR 制造 3D 的立体场景，让用户通过装备产生身临其境的感受，之后通过传感器实时记录用户身体变化的各项数据，进入新一轮的信息采集。然而数据的采集需要通过一系列较为完备的装备才能实现，但并不是人人都有承担起它的物质条件和意愿，所以只有少部分的人才能完成这种反馈信息的采集活动。

并且在这少部分人里，传感器所传达的数据也并非完全就是用户对于此新闻所做出的反馈活动。人的生理产生变化可以有很多原因，例如用户在

佩戴仪器时的不适感或者受到外部的某些刺激而产生别的感觉，都有可能使用户的生理活动特征发生变化，因此反馈的数据不"纯"，也会导致算法对用户的分析不当。

三、人工智能技术背景下新闻教育的路径选择

如上文所述，人工智能技术在新闻业的应用正蓬勃发展，而其在应用中所产生的困境也逐渐成为新闻学界关注的重点。尽管我国的新闻学教育已经百年历史，但是新闻学教育一直面临电报技术、电子信息技术、新媒体革新技术的层层挑战。在人工智能时代，新闻学界应积极深入对接人工智能技术与新闻教育教学的深度融合，为社会即时输送更多的新闻人才。

（一）培养跨学科人才，撰写有深度有感情的文章

2018年7月，《纽约每日新闻》宣布裁减50%的编辑员工。无独有偶，《经济日报》百家号同月也刊载了皮尤研究中心援引美国劳工统计局的数据称，美国报社员工人数下滑45%，从2008年的71000人减至2017年的39000人。

新闻从业人员被裁减的新闻向高校新闻教育者拉响了教育危机的警报，人工智能时代的到来对新闻人才的培养提出了新的时代要求，各高校的教育教学应适时而变，为社会培养复合型的新闻人才。

此外，尽管机器人写作已广泛应用到新闻生产领域，但就目前而言，机器人写作适用的领域尚且单一，稿件以即时的新闻消息写作为主，需要新闻深度和人文情怀的通讯、评论、深度报道、特写、调查报告等新闻体裁仍需要专业的新闻人才完成。高校在培养新闻人才的时候，需要进行差异化人才培养，强化训练新闻学专业学生撰写深度报道的能力，从而在激烈的人机写

稿竞争中获得自己的一席之地。此外，高校还需要培养学生的新闻敏感、人文关怀、逻辑能力、抽象思维、联想能力、创新能力等，培养学生深入、全面地看待问题的能力，区别于人工智能机器，发挥人的主观价值。如在一个新闻事件中，浮于表面的新闻事实往往不是新闻的真相，而对于真相的挖掘，就有待新闻记者的深入调查、访问、采访，寻求新闻背后的故事。

（二）掌握推送技术，提高新闻编辑的算法素养

在人工智能算法推送技术运用初期，传统编辑人员固有的制定编辑和报道方针、选择和组织稿件、加工整理配置组合稿件等工作逐渐被人工智能所包揽，编辑人员在新闻报道的选题、生产、把关、分发等环节的话语权也日益消减，编辑的地位也逐渐被边缘化。但在2018年4月，出于"规范传播秩序"的需要，"今日头条""凤凰新闻""网易新闻"和"天天快报"等4款移动客户端被暂停了移动端的下载服务。2018年在短短4个多月的时间里，今日头条先后被政府部门点名批评、罚款、整改以及下架。为严格把关新闻内容的质量，"今日头条"也开始重视编辑队伍建设，这为高校新闻教育教学培养提供了很好的方向。

正因为算法推送机制存在漏洞仍需要人工的参与，编辑记者人员在人工智能时代经历了被裁员到回归的过程。所以高校适时培养并提高新闻专业学生的算法素养就显得尤为重要。这要求学生一方面拥有"把关"能力，不仅能识别虚假新闻和低俗新闻，还需要将一些蕴含不当价值观的新闻予以摒弃。如当下各大媒体单位在招聘新闻人才时，都明确要求应聘者应拥有新闻把关、审核能力。

（三）重拾故事内核，提升人机协作能力

人工智能技术的运用发展，将新闻工作者从简单再现的模式化的新闻

工作中解放出来，编辑人员可以将处在长尾效应中的新闻内容交由人工智能写作来完成，将有限的人力用于对真相、意义和价值的深层次阐释挖掘的头部深度报道中。《华盛顿邮报》的战略行动总监杰里米·吉尔伯特称："找到精彩的消息来源，发现有趣的故事，对事物进行分析……我们希望让人讲述只有人能讲述的故事。"

此外，未来的新闻业也必将是人机共生的发展模式，人机合作与互补将是新闻业的运行常态。故而，培养提升学生的人机协作能力就显得尤为必要。国内著名新闻学者彭兰教授就认为："未来的整个新闻写作会变成一种人机合一的写作体系，机器会帮助我们发现选题"。如美国的新闻博客公司Mashable 就完美践行了人机协作模式，其研发出一种数据分析软件，以此分析社会舆论的关注焦点和未来舆情的大致走势，并预测何种话题将会成为下一个"爆款"文章。简单来说，此款软件会根据用户在社会化媒体等社交软件上的一系列互动行为（如在社交软件上的打开、点赞、评论、分享等），生成一个大数据的供应热度曲线（横轴代表时间走向，纵轴代表用户的信息供应需求量）。

Mashable 的编辑人员会根据实时的供应热度曲线对新闻内容进行调控和供应，当纵轴上呈现用户对某一话题的内容关注走势升高时，就会对该话题有关的内容产品进行"供应"，从而实现新闻的"爆款"。

因此，只有在了解人工智能技术运行机制的基础上，才能实现人机合作的可能。所以，高校有必要加强人工智能技术的相关知识的教育，增设相关的课程，提高学生的人机协作能力。

第二节 扎根理论及其在新闻
传播学中的应用

扎根理论并非一种具体的理论，而是一种生成理论的方法，也可将其看作是一种用以指导质性研究的方法论，它由美国社会学家 Glaser 和 Strauss 于 1967 年提出，旨在鼓励研究人员与他们观察到的数据持续互动，包括持续收集数据、对数据进行编码、对概念化类属不断地比较和分析等，用以建构适用于本领域的实质性理论，甚至发展出具有普适性的形式理论。扎根理论的基本贡献在于"填平了理论研究与经验研究之间尴尬的鸿沟"，打破了以往质性研究一味沉湎于经验事实的描述且缺乏严格、系统地使用质性数据方法的惯例，并提供了一套具有极强操作性和参考价值的质性研究实践准则和策略，使后来的质性研究不再被看作是印象式的、轶闻式的、非系统的和有偏见的。

经过长期的应用、修正和发展，扎根理论已经成为了社会科学领域中一种通用的定性研究方法，被广泛应用于护理学、教育学、管理学、社会学、人类学等多个学科。近年来，我国新闻传播学逐渐有部分学者将扎根理论应用于网络传播、新媒体、公共关系等领域的研究中，但总体上研究数量较少。本节通过回顾扎根理论的起源，梳理其主要准则和规范程序，旨在使更多研究者使用扎根理论，并推动本土新闻传播领域的理论建构。

一、扎根理论的起源

扎根理论最初被 Glaser 和 Strauss 应用于一项人类学研究，他们利用两年多的时间收集数据，走访了位于旧金山湾地区的六所医院，以实地观察和深度访谈的形式考察了医生、护士、病人及病人家属之间的互动，产生了建构死亡过程的理论分析。之后，他们总结了这次研究中所使用的方法和策略，并合作发表了《发现扎根理论：质性研究的策略》(*The Discovery of Grounded Theory: Strategies for Qualitative Research*，1967)一书，系统性地提出了扎根理论这一质性研究方法。该书的出版不仅为质性研究实践提供了具体的策略，也向当时占据美国社会研究领域主流的实证主义方法论发起了挑战。

美国的实证主义方法论在 20 世纪 30 年代末得以确立，尤其是第二次世界大战之后，量化研究者从两个层面推动了定量研究方法的巨大进步：一是将理论概念操作化，二是提供精确数据以验证假设。这促使研究人员以极大的热情拥抱定量研究方法并用其去验证未经证实的理论，而量化方法所具有的观察的系统性、试验的可重复性、对概念的操作化定义、逻辑推导出的假设以及可被验证的证据等特征也使其在美国的社会研究方法中逐渐成为主流。依照实证主义的思路，传统的质性研究显然无法在研究的客观性、普遍性、可重复性以及假设和理论的可验证性等方面与定量研究匹敌，因而质性研究方法日益没落，虽然质性研究对隐藏在社会结构和日常事实中的理论具有高度敏感性，并得到了诸如 Samuel A.Stouffer 和 Paul F.Lazarsfeld 等著名量化研究者的认可，但是他们也仅仅是将质性研究当作正式开展量化研究前所进行的初步的、探索性的、开创性的准备工作。

美国社会学家 Charmaz 批评了这种狭隘的科学认知方式，即固执地坚持实证主义的正确性，并拒绝其他可能的认知方式，比如通过意义解释或直觉所产生的认知。她指出社会研究者一旦接受了实证主义的范式，就会专注于发现外部世界的因果解释并热衷于对其作出预测，但借助量化研究方法验证现有理论演绎而来的假设只是使得现有理论更为精致化了，却很少产生新的理论。扎根理论的出现正是对当时已经渗透到大多数社会研究中的极端实证主义的一种回应。

Glaser 和 Strauss 写作《发现扎根理论：质性研究的策略》一书主要有 3 个目的：一是为提出扎根理论提供依据，指出扎根理论是通过与研究项目中收集的数据相互作用而产生和发展的；二是介绍扎根理论的逻辑和操作方法，并激发其他理论家提出并发表他们自己生发的理论的研究方法；三是使质性研究合法化，使其摆脱无法被验证的刻板印象。他们及后续研究者提出了一系列扎根理论的操作方法和策略，例如不断比较的方法、理论抽样、理论饱和、编码和撰写备忘录等，这些方法和策略在后来众多质化研究中得到了充分的运用，为扎根理论逐渐发展成一种可靠的质性研究方法论提供了可能性。

二、扎根理论的程序和原则

Glaser 和 Strauss 在提出扎根理论的原始版本后因见解不同而分道扬镳，而该理论在后续的发展中也呈现出了至少 3 种版本：Glaser 和 Strauss 的原始版本、Strauss 和 Juliet M.Corbin 的程序化版本以及 Charmaz 的构建型扎根理论。但无论哪个版本的扎根理论，其内在的基本逻辑是一致的，即从搜集到的质性数据中提取概念并将其发展成为类属，经过不断的比较分析后不断提取出核心类属和几个重要类属，并发现它们之间的关系，从而建构理论。总之，扎根理论是一种自下而上建构理论的方法，它始终强调从数据中发现理论，而不是从现有理论中选取事实，并据此形成了一套极具操作性的程序和固定的原则。

（一）扎根理论的程序

1.收集丰富的数据

数据收集是扎根理论的基石。依据不同的数据类型和研究主题，扎根理论的数据收集方式通常包含三种，即参与式观察、深度访谈及文本搜索。扎根理论的数据来源丰富，包括各类历史档案、官方和个人的信件、报纸新闻、地图、图画、传记、日记、访谈、回忆录、手稿、录音、报告、手册、田野观察记录等。简而言之，"一切皆为数据"，研究者可以选择单独使用一种或组合使用几种数据。

数据收集的初始阶段要本着开放性的心态，除了明确自己所感兴趣的领域外，不带有任何先入为主的理论或观点，具体的研究问题也会在数据收集的过程中逐步凸显。刚刚进入田野时，研究者往往会发现其中充斥着各式各样的数据，难以判断其重要与否，研究者需要追随理论敏感性尽可能多地收集数据，关注多方面的信息，例如行动者的行动过程、语言表达、行动发生时的背景或情境、行动的意义（包括行动者所建构的意义以及他人对行动者行为的意义解读）、行动的意图或原因等。

扎根理论的数据收集贯穿于整个研究过程中，数据收集的方向也会随着研究者逐渐聚焦某一研究方向而发生变化。数据收集停止的标志是达到理论饱和，简单来说就是"研究者不会从新得到的数据中发现新的类属及该类属新的属性了"。

2.数据编码及发展概念类属

给数据编码并发展概念类属是扎根理论数据分析阶段的核心程序。Charmaz 将扎根理论产生的代码比作分析的"骨骼"，研究者将根据它们的指引来确定下一步数据搜集的基本方向，并在循环往复的数据收集、数据编码和数据分析过程中对这些编码进行检验、修订，重新整合、提炼出一系列重要的概念类属并用相应的关系将它们连接起来，以构成一套完整的"骨架"，即一套能够解释研究对象的理论框架。

无论是量化研究还是质化研究，编码的实质都是分析，其目的在于展现研究者如何区分、组合以及反映数据，而编码的过程相当于将承载意义单位的标签依次分配给被研究的数据。可是扎根理论的编码方式与量化内容分析的编码方式仍有区别，二者的差异可具体表现在研究设计和具体的操作程序中。

从研究设计层面来讲，内容分析在确定研究问题或假设之初就依托于前人的相关研究及现有理论来构建整体的研究框架，在理论的指导下建立类属并将各个分析单位归入到特定的类属之下，以确立相关变量并对其进行归类。在具体的操作程序中，内容分析首先构建的是类属体系，之后再进行编码，这一过程实质上是将原本的文本资料转换成标准化数字的过程，而研究者在进行编码时所依据的则是一份提前设计好的编码表或编码本。

扎根理论的编码方法恰恰与之相反。由于扎根理论的最终目的在于建构理论，因而在进行研究设计时，现有的理论不可能为其直接提供编码方案上的指导。扎根理论的编码过程是先将收集到的资料打散后重新概念化，再以概念化的类属为基础重组资料。概念化的类属就是扎根理论的编码，它们是在不断阅读、整理、收集数据资料的基础上历经多次反思、修订后才确定下来的。

如今被广为接受的扎根理论编码方式包括三个级别的编码：一级编码、二级编码和三级编码。三级编码技术对建构理论具有极强的目的性和指向性作用。

（1）一级编码（又称"开放式编码"或"初始编码"）。一级编码是从大量的数据中发现概念类属，对类属加以命名，确定类属的属性，从而对研究现象类属化。初始阶段的编码要求紧贴数据，既要对任何从数据中反映出来的概念或行动保持开放性，又要保证其总结出的概念类属能够准确反映数据本身的内容，为此研究者针对一级编码的过程提出了两项操作性策略：

第一，逐行编码。逐行编码的优点在于通过对原始数据的仔细审视，能够紧贴数据，避免漏掉任何重要的概念类属，并及时意识到数据间所存在的缝隙。Charmaz 曾在一项关于慢性病患者如何丢失并重获个人价值的研究中，将访谈内容整理成稿，对其进行逐行检视，并提取出了诸如"持久的恢复""记住第一个恢复意识的瞬间""估测手术花了几个小时""发现肿瘤意外扩散""解释麻醉的效果"等编码。这些编码到最后都有可能成为用来建构理论的概念类属。

第二，选取本土概念。研究者通常会选用一些研究对象所独有的词语或者直接采用受访者的用语作为一种原生代码，因为原生代码本身或许就是被研究群体所共享的符号或术语，承载着独特的文化意义，有助于在编码时保留研究对象所传达的观点和行动的意义。Corbin 在进行一项有关越战老兵的研究时，通过梳理、分析他们的访谈文字稿直接选取了一些术语形成类属，例如在谈论有关越战老兵的自我定位问题时，研究者直接使用了他们接受访谈时的原话——诸如"爱国的""中产阶级""虔诚的""敬畏上帝的""反对越南人"等概念。

值得注意的是，初始编码往往是临时的、比较性的和扎根于数据的，在进行逐行编码时我们所赋予数据的概念类属可能只是一种尝试性的类属，随着对资料理解和对数据编码的不断深入，研究者或许会对原有的尝试性类属进行一定的调整和缩减，使之更为契合原始数据；在这个过程中，研究者也有可能会发现新的编码，如果这种新的编码很重要且缺乏充足的数据支撑，则需要在下一轮数据收集中着重收集相关数据，直到不再出现新的类属，即达到理论饱和。

（2）二级编码（又称"轴心式编码"）。如果说一级编码阶段的任务是将原始数据打散并赋予概念，那么二级编码阶段的主要任务则是找出类属间的相关关系从而将数据重新贯通。类属间有多种相关关系，包括因果关系、时间先后关系、语义关系、情境关系、相似关系、差异关系、对等关系、类型关系、结构关系、功能关系、过程关系、策略关系等。通过考察各类属间的相互关系，研究者会逐步修改和完善初始编码过程中形成的尝试性类属，并将修改后的类属固定下来。在二级编码过程中，围绕着类属间的关系，类属的等级序列也逐渐浮现，研究者需要分辨出主要类属和次要类属，建立起它们间的主从关系，并通过考察主次类属的属性及相关关系建立初步的理论假设。仍以 Corbin 关于越战老兵的研究为例，在访谈中 Corbin 注意到生还的越战老兵们基本经历了参战前、参战中及参战后三个时期，而其在心理和对战争的观念上也产生了一系列相应的变化：从战前对战争充满浪漫主义幻想到战争中的恐惧、厌恶、麻木，再到回国后面对磅礴的反战浪潮而表现出的愤怒、悲伤和接受。对战争的观念和心理上的变化会影响战士在战争中及战后的生存情况，因而战士们通常会采取一定的策略进行生理上、精神上、道德上的调试。最终经过梳理，Corbin 总结了"改变自我""改变战争印象""战争文化""生存策略"和"返回家乡"五个主要类属。

（3）三级编码（又称"核心式编码"）。通过二级编码，研究者此时已基本明确了主次类属、主次类属的属性及其之间的关系，并初步建立起了有关理论的假设。下一步就是将这个假设在三级编码时进行检验，并找寻需要补充或发展的概念类属，如果此时概念类属已经达到饱和，那么就可提取出"核心类属"了。

核心类属又被称为中心类属，它代表了研究者最终确定的研究主题，其目的在于用核心类属将其他类属串成一个整体，发挥"提纲挈领"的作用，并将分析集中到与核心类属相关的编码上，形成抽象的理论性解释。选取核心类属时，应参考以下标准：在所有类属中占据核心地位、频繁地出现在数据中、与其他类属相关联、与其他数据具有逻辑一致性、足够抽象且具有最大的解释力、更容易发展成为一个具有概括性和普遍性的理论。

扎根理论的编码方式十分灵活，它允许研究者可以随时返回数据重新编码，并尝试新的研究方向。同时，它也为研究者提供了一种观察数据的聚焦方式，使研究者脱离具体事件的描述而上升至理论建构的可能性上。

3.理论抽样及理论饱和

理论抽样是一种建立在概念类属基础之上的资料收集方法。理论抽样作为一种策略可以使研究者的焦点集中在生成的类属上，它通过目的性极强的资料收集最大化地完善类属及其属性，并展现它们之间的相关关系。

值得注意的是，理论抽样是扎根理论所特有的抽样方式，与传统量化研究的抽样遵循着不同的逻辑。传统的量化抽样在真正进行抽样前就已经明确抽样人群和变量，其目的在于通过数据收集形成对目标人口的统计学推论。但理论抽样不考虑人群，不会提前确定变量，也不强调最终结果在统计层面的普遍性，它强调的是概念类属，这些类属来自对数据的分析，而新产生的类属又推动了新一轮的数据收集。理论抽样通过其自身的力量驱动而向前推进，这使得其对数据的回应具有开放性并富有弹性。

通常来讲，理论抽样开始于第一次数据分析之后，贯穿于整个研究过程，并建立在数据收集和数据分析二者齐头并进的基础之上。在经历一轮数据收集后，研究者遵循着自己的分析路径，不断对核心类属、主要类属、次要类属及其属性进行对比，如果发现构建理论仍需要增加或补充特定数据，此时就需要进行理论抽样。这时，研究人员会有目的地去寻找特定的研究对象，来增加特定类属的数据集；同时，也可以向研究对象询问一些目标问题，并将新得到的数据与之前得到的数据进行比对，并验证假设。例如，Corbin 在研究越战老兵时，第一位采访对象是一位战地医生，在描述越南战争的体验时，Corbin 注意到他用了"不太糟糕"来描述自己的感受，但依据以往研究者的访谈和阅读老兵回忆录的经验来看，他们在形容战争体验时通常会用"非常糟糕"等词汇。这引发了研究者的猜测：战争感受的差异是否取决于他们参与战争的身份？带着这样的假设，Corbin 进行了理论抽样，她将采访对象分为了战斗人员和非战斗人员两类进行访谈并收集了他们的战争体验。

理论饱和是理论抽样可以停止的标志，通常表现为收集到的新数据不能够再产生新的类属及该类属的新属性了。理论饱和可以被看作是研究者的最终目标，不过从理论上来说完全的饱和可能永远无法达到；但是在具体的实践中，只要研究者认为一种类属为理解某一现象提供了足够深度和宽度的信息，且与其他类属之间的关系已经被澄清，那么研究者就可以说达到理论饱和了。

然而需要警惕的是一些研究者常常会提前认为已达到理论饱和，造成这种情况的原因可能包括：一是在对数据进行初始编码时不够精确，使数据到理论之间产生了巨大的跨度；二是分析数据时不够细致，使数据之间存在缝隙和漏洞。为了避免这个问题，Chamarz 建议研究者在宣称达到理论饱和时，可以自省以下问题：我在数据内部和类属之间进行了怎样的比较；我怎样理解这些比较；它们给了我怎样的线索；我的比较是怎样解释理论类属的；如果有其他方向的话，它们会把我带向哪里；如果有新的概念关系的话，我可能看到什么样的概念关系。

4.撰写备忘录

撰写备忘录同样贯穿了扎根理论研究的整个过程。扎根理论鼓励研究者尽早开始备忘录的书写，因为备忘录为研究者提供了一个自由的空间，使研究者积极对数据及资料进行思考和比对，梳理从数据中提取的类属及类属的属性，并阐发个人的思路和想法，调整后续数据收集的方向。写备忘录是为了抓住那些稍纵即逝的想法，而不是为了和他人分享，因而备忘录通常是临时性的、可修改的，且自然成文。

备忘录的书写被看作是通往正式理论的中间环节，其实质是记录下研究者对数据分析的过程，包括对各种尝试性类属概念的不断比对、临时引发的思考、稍纵即逝的灵感、下一步的研究目标等。将大量循序渐进、推理严密的备忘录到最终的理论陈述整理出来，体现了各个层面持续不断的比较分析过程，对数据进行重组，并搭建了从零散数据通往理论建构的桥梁。

（二）扎根理论的原则

1.时刻保持理论敏感性

扎根理论要求研究者时刻保持理论敏感性是为了能抓住那些一闪即逝的想法，并从纷繁复杂的数据中发掘那些渐趋浮现的理论。研究者的理论敏感性具有两个特性：一是它融于研究者个人的经历或者偏好；二是它融于研究者对其研究领域的洞察力，这要求研究者具有扎实的理论基础。

时刻保持理论敏感性在研究的各个阶段都可以为研究者提供帮助。研究开始阶段，理论敏感性会提供一个大概的方向，使研究者产生在某领域中或许存在有研究价值的问题的直觉；在资料收集和分析阶段，它不仅可以帮助研究者确定焦点和方向，而且可以在分析松散的资料时找到那些集中地表达资料内容的概念；而在理论生成阶段，它可以帮助研究者捕捉到生成理论的关键概念及线索，寻找到核心类属及其他类属之间的关联。

2.使用不断比较的方法

扎根理论依赖于不断比较的方法，这种方法将从数据中浮现的每个发现和解释与现有代码和类属进行比较，几乎贯穿于研究的始终，每个阶段间的比较具有连贯性，直至分析结束。Glaser 和 Strauss 指出不断比较的方法分为四个层面：比较事件的类属、整合概念类属及其属性、界定理论以及书写理论。

比较事件的类属层面。研究者需通过事件间的比较，将收集到的数据进行细致的编码，尽可能多地产生概念类属，并将数据归到这些概念类属下面，然后将编码过的资料在与其同一类属编码的相同和不同的对照组中进行比较，从而产生类属的性质。

整合概念类属及其属性层面。随着编码的继续，不断比较的对象从事件转向了事件类属的属性。Corbin 认为研究者是通过事物不同的维度来审查数据、认识事物并对其进行界定的，事物不同的维度就是它的属性。不断比较的方法使得类属的属性开始变得整合，因而各种类属也得以不断整合，这为研究者发现类属之间的相关关系打下了基础。

界定理论层面。不断比较的方法在这一层面发挥两项作用：一是厘清理论的边界，二是不断减少类属。此时研究者通过不断比较的方法已经逐渐明晰将要产生的理论的初始轮廓，对类属及其属性的修改越来越少，开始梳理阐发理论的逻辑顺序；在明确理论边界的基础上，研究者要尽可能地缩减、抽象主要类属，不断将构想返回到原始数据中进行验证，如果发现这些理论可以基本解释大部分（或者所有）的原始数据，那么其概念类属就可以被认为是有说服力的和恰当的。

书写理论层面。Glaser 和 Strauss 认为在整个研究过程中研究者使用不断比较的方法生成了一系列被编码的数据、一些概念类属及它们的属性，并借助于备忘录厘清不断比较过程中所产生的思路，逐步抽取出类属间的多种关系，最后达到建构理论的目的。

3.一切从数据中来

原始数据是扎根理论的基础。Charmaz 提出扎根理论研究的四项标准，分别是：可信性(credibility)、原创性(originality)、共鸣(resonance)和有用性(usefulness)。

扎根理论是一种自下而上建构理论的方法，它不对研究者事先设定的假设进行演绎推理，而是强调对资料进行归纳分析。使用扎根理论的每一步都离不开数据，它要求研究者与数据互动、对数据进行比较、给数据编码，而理论建构过程中的每一步推演都必须能够返回到原始数据中加以验证。扎根理论以经验事实为依据，认为只有从数据中产生的理论才具有生命力，理论与数据的契合度越高实用性越强，可以被用来指导人们具体的生活实践。

三、扎根理论在新闻传播学中的应用

扎根理论的巨大贡献在于填补了经验研究与理论建构之间的鸿沟，并成为质性研究的一种经典范式，逐步渗透到社会科学研究的多个学科中去，新闻传播学也不例外。

国外的新闻传播学研究主要将扎根理论应用在健康传播领域。Donovan-Kicken 等人使用扎根理论研究了如何控制癌症患者间的沟通，考察了患者们在谈论到癌症时所赋予的意义，他们为何以及如何与他人讨论癌症，并基于人际沟通及健康传播领域有关隐私管理和多重意义的框架，开发了一个理论模型来探究如何谈论癌症才会对患者有好处。研究者认为癌症作为日常生活中的创伤性和破坏性事件，威胁着患者们的当下日常和对未来的构想，会引发一定的心理困扰，对人际交往造成的影响更大。良好的人际沟通和社会心理干预对支持患者对抗癌症具有重要意义，但如若沟通无效则会使患者感到被孤立。为了增加数据的广度和深度，研究者通过网络和媒体招募了 40 名年龄在 21 岁至 74 岁之间的癌症患者，以焦点小组或一对一面谈的形式进行数据收集。在数据分析过程中，研究者将所有访谈都录音并逐字转录，定期召开会议，运用三级编码程序不断讨论频繁出现的概念，并使用它们进行后续数据的搜索和组织。数据被不断收集、转录和分析直到没有新的类属出现，确定达到饱和。研究者发现，癌症被赋予的意义是"失去控制"，这种失控的感觉体现在个人生活的方方面面，包括治疗过程、日常生活、财务支出和信息交换等。为了应对癌症的波动，癌症患者与他人的沟通有益于他们重获或者增强控制感，患者们会采用一定的策略对这种沟通进行控制，包括选择与他们讨论癌症的人，谈论癌症的时机、措辞，控制谈论的内容及信息的数量，选择沟通的渠道，等等。癌症患者在进行相关问题的沟通和讨论时着重关注两大问题：一是试图满足和保护他人，特别是自己的亲属和朋友，此时患者会尽量展现自己积极应对癌症的一面，并尽量

"软化信息"，避免接受者产生不安和焦虑；二是试图满足和保护自己，患者们一般不会轻易向自己的同事、工作伙伴或领导透露自己的病情，因为他们患癌的事实一旦被公开，那么他们将失去对个人形象建构的控制。然而，由于沟通是一个动态的、依存于对话双方的过程，故而大多数癌症患者在沟通的尝试中都曾受到几种类型的限制和挑战，包括对方拒绝公开谈论相关话题、失去对后续信息的控制、社会规范的限制、无法预测或控制他人得知消息的反应等。

此外，Dahm 研究了患者在与医生沟通中对医生使用医学术语的认知，探讨了医学术语的使用与患者感知到的时间压力之间的关系，研究者通过检测医疗术语的使用，建议医生花时间向患者提供适当的解释，这更有利于医患互动。近年来，国内新闻传播学领域的部分学者也对扎根理论投入了一定的关注，他们认为扎根理论给新闻传播研究带来了新的契机。牛静曾虚拟了一个"我国新闻工作者专业主义之考量"的研究主题并引入扎根理论的操作步骤，点明使用扎根理论进行新闻传播研究的可行性。王锡苓较早地总结了扎根理论对新闻传播研究的两点启示：一是填平了新闻传播领域多年来质化和量化方法间的裂缝，二是可在研究过程中修正和发展新闻传播研究的方法。

通过梳理国内近几年新闻传播学的相关文章可以发现，扎根理论的研究方法主要被应用于三个领域：新媒体用户的使用行为研究、群体性事件与网络舆情研究以及新闻传播理论的本土化创新与研究转向分析等。

近年来国内新闻传播学界使用扎根理论的相关研究多聚焦于新媒体用户的使用行为领域，首先，这有助于构建新媒体用户对相关平台的使用行为模型，推动新媒体时代本土新闻传播理论的阐发；其次，可对部分现有理论

196

进行修正；再次，还有助于相关新媒体平台了解其用户群的使用体验，明确当前平台维护与运营过程中的优缺点，从而有针对性地创新平台管理与运营方式。例如，张帅等以 Bilibili 为研究对象探讨了弹幕视频网站用户使用行为的驱动因素，借助于扎根理论的三级编码方法提炼出情感需求、认知需求、社交需求等三个核心类属及娱乐、情感归属、获取知识、释放压力等 9 个主要类属，从而建构了弹幕视频网站用户的使用行为驱动因素模型，同时这一研究也关注了阻碍用户使用弹幕视频网站的三个主要原因，分别为刷屏行为、不文明行为和分散用户注意力。施涛等考察了网络问答社区用户知识创新行为模式及其影响因素这一问题，他们以知乎问答社区为例，通过"自行发布提问—邀请用户回答"和"搜索相关提问—查看已有回答"两种方式收集了相关原始数据，并对其进行归纳、分析，最终提取出对用户知识创新行为模式具有显著影响的四个重要类别，即社区承诺、收益认知、知识创新和人文技术环境。研究者还为知识问答社区的运营与管理提出了相应的建议，包括在平台建立之初形成有利于知识创新的人员结构和平台气氛，提供能够激发知识创新行为的技术工具以及严谨制定奖励制度等。牛静与张娜通过对 12 位大学生深度访谈的记录进行深入分析、三级编码和理论抽样，研究了大学生使用微信与其人际关系建构的关系，探讨大学生如何将线下的人际关系延伸至网络空间以及他们在营造微信线上人际关系时具有怎样的特点。

扎根理论还为研究群体性事件及网络舆情提供了新的工具，以避免以往研究因大多使用量化研究方法而遮蔽了群体性事件及网络舆情爆发过程中的不确定性和复杂性等固有弊端。例如，李春雷、曹芝慧以南昌"象湖事件"为个案，在事发地及周边村庄中展开调研对社会公共事件中多方主体的话语表达进行了系统分析。研究通过三级编码分析访谈数据，构建了民众在公共事件发生时所惯用的"去政治化"的话语表达路径，共分为三个阶段：弱者式的话语表达，构建身份对立体；悲情式的话语表达，揭示资源配给失衡现状；戏谑化的话语表达，消解基层政府权威。赵玉林以杭州业主集体抗议民营医院建设、济南出租车司机罢工等 7 个案例为依托，考察了基于微信动员的群体性事件的发生机理及其主要特点，研究发现借助于微信平台爆发的群体性事件具有高效的参与风险控制、同质群体的利益驱动、以制造"政治压力"为直接目标、高度的组织化等特点。为了强化微信空间的舆情治理，研究者对照上述微信平台爆发的群体性事件的特点提出了相应的建议与对策，包括构建长效冲突化解路径、培育"微信公民"、创新政治吸纳机制、因势利导"组织化"等。

扎根理论近年来常用于考察或分析新闻传播理论的本土化创新与研究转向。陈先红和张凌借助于扎根理论的方法分析了三十余位资深公共关系从业者和新闻传播学者的深度访谈资料，考察了公共关系领域的战略转向，研究认为大数据促使我国的公共关系在职业、教育和研究等多领域发生了"去公关化"和"公关化"的博弈，公共关系专业的教育逐渐呈现出跨学科和整合性的趋势等。刘波维和曾润喜则借助扎根理论总结分析了目前已有的网络舆情的研究视角，最终提取出舆情构成要素、舆情传播理论、舆情功能或手段、互联网发展过程、研究理论或方法等五种主要研究视角，并具体分析了不同视角的优势与不足，因而建议今后的网络舆情研究应继续拓展空间，运用多视角、复杂性、跨学科等方式加强相关领域研究的协同创新。

扎根理论自提出至今已历经了长期的洗礼与检验，不仅没有消亡反而焕发出强大的生命力，其适用范围也从最初的护理学领域向更宽广的社会科学领域延伸，它允许识别一般概念，发展已知的理论解释，并为各种经验和现象提供新的洞见。

相较于其他质性研究方法，除了强调发展或发现理论外，扎根理论的独特性主要还体现在以下几个层面：第一，扎根理论建构的概念并非在开始研究之前就已经选定，而是源自研究过程中收集到的数据，也正是这个特点使理论得以"扎根"，并为这种研究方法提供了命名模式。第二，在扎根理论中，研究分析和数据收集是相互关联的。初始数据收集后，研究者分析这些数据，从分析中得出的概念构成后续数据收集的依据，这使得数据收集和分析在整个研究过程中持续不断地循环。第三，扎根理论为质性研究者提供了一套从数据中构建理论的程序，这些程序使研究人员能够从各种不同的角度考察研究问题和研究对象，时刻保持敏感性，重视特定研究情境中的互动与特殊的文化背景，从而给出全面的解释，既可应用于深入了解老问题，又可适用于开发新兴领域。

近年来，我国新闻传播学界逐渐重视扎根理论的应用，通过梳理现有的研究成果我们可以发现，目前大多数研究都属于探索性研究；从方法和步骤等层面来看，大部分研究都十分规范，其数据主要来源于两个渠道，一是访谈数据（包括一对一的非结构性访谈、焦点小组等），另一个就是网络数据；从研究的对象上来看，大多数研究主要考察用户的行为及行为的相关驱动因素。在未来的研究中，研究者可继续将扎根理论与新闻传播研究相结合，在更多领域使用扎根理论进行研究与探索，为本土新闻传播理论的发展提供方法论上的支撑。

第三节 新闻传播学"链接式教学"
探索与应用

"链接式教学"是以教材为原点，以教师为主导，以学生为主体，充分发挥教材的辐射作用，探寻、链接相关的知识与方法。"链接式教学"可以使课堂教学与自然万物、社会生活、生产实践等发生紧密联系，有利于拓宽学生的视野，也能够激发学生的学习兴趣。

新闻传播是报道和反映各行各业发展状况的社会活动，因而，新闻传播学与社会各行业、各阶层、各领域都发生了紧密联系。新闻传播学要增强教学的应用性和指导性，就需要广泛应用"链接式教学"模式，跳出书本的局限，将教学的内容延伸到社会实践中。

一、"链接式教学"的推广价值

（一）有利于丰富课堂教学的内容，拓宽学生的视野

现实世界每时每刻都在发生新的变化，新闻事业和信息传播技术也在不断发展和进步，人们对于传播媒介的认识和体验也在不断发生变化，而我们使用的教材不可能做到随时更新。

通过实施"链接式教学"，教师可以把最新的信息技术、新闻事件、传播活动、媒介动态链接到课堂上，使课堂教学与社会现实发生紧密的联系。这样既可以丰富课堂教学的内容，也能提高学生对知识的理解能力和应用能力。

（二）有助于改进教学方法，激发学生的学习兴趣

传统的课堂教学主要依赖教师的口传心授，在知识传递和课堂互动的

形式上过于单一，缺乏创新。特别是在创设问题情境方面，教师单凭语言描述显得心有余而力不足。这时，教师可以把一些新闻报道或影像资料链接到课堂中，借助形象化的符号完成问题情境的设置。比如，传播学在讲到"拟态环境"的概念时，可以把反映同类现象的新闻事件及影像资料链接到课堂上，从而使学生更好地理解"拟态环境"的概念以及大众传媒在形成"拟态环境"过程中的重要作用，同时也能激发学生的学习兴趣，还能增强学生学习的积极性和主动性。

（三）有助于构建知识网络体系，帮助学生完整的知识印象

教材中的一些专有名词、历史事件、主要人物往往都是粗浅的介绍，对于学生来说只能留下一些模糊的印象，不能满足学生全面认识、全面理解的需求。"链接式教学"模式践行了"整体建构"的教学思想，通过有效链接，可以构筑起一个完整的知识网络，促进师生的共同发展。

在新闻学教学中，涉及"黄色新闻"这一专有名词，它的含义和我们通常认为的低俗信息是完全不同的，它的产生有特殊的历史背景。教师在课堂上可以将这一名词链接到美国19世纪末的报业竞争手段以及报纸上刊登的黄孩子漫画，帮助学生准确掌握"黄色新闻"的概念。

（四）有助于搭建课堂与现实互动的桥梁，帮助学生实现学以致用

通过实施"链接式教学"，教师可以把课本知识链接到社会生活和生产实践当中，使学生在学习专业知识的同时，更好地认识和了解社会，同时培养和提高学生运用专业知识解决实际问题的能力。例如，传播学中的"培养分析"理论反映了大众传播的宏观社会影响，使人们能够更全面、更冷静地看待大众传媒及其传播活动。教师可以总结梳理新闻报道、影视剧在某类题

材上的偏重以及综艺节目、商业广告的内容对当代青少年价值观、婚恋观、职业观等方面产生的重要影响，以此来说明"培养分析"理论的产生条件及作用机制。

（五）有助于实施跨学科教学，培养学生的综合思维和创新思维

新闻传播学作为20世纪以来诞生的新兴学科，与文学、美学、语言学、心理学、统计学等学科存在很多交叉和融合的地方。传播学中的"使用与满足""沉默的螺旋""第三人效果"等理论无不与心理学研究有着密切联系；传播学中的抽样调查法也是统计学中最常用的方法；而新闻学中的舆论、宣传、管理体制等内容与政治学有必然的联系；无线电广播、微波电视、卫星电视、"三网融合"、新媒体等传播技术及其发展状况无疑与电子通信工程等学科存在很多交叉融合之处。

通过实施"链接式教学"，可以把新闻传播学的视角延伸到其他学科和领域当中，有助于培养学生的综合思维和创新思维。

二、"链接式教学"的实现形式

课堂教学不仅可以采用虚拟的链接形式，还可以采用实物链接或现场链接的形式。具体来说，"链接式教学"的实现可以有以下几种形式。

多媒体链接。这是课堂教学中最基本、最简便、最常用的链接方式，在各类教学活动中都广泛采用。多媒体链接即教师在PPT中设置超链接，通过点击超链接跳转到其他页面或文本、音频、视频、动画等多媒体材料的一种教学手段。多媒体链接的好处是简单有效，适用范围广，但是对于教室的多媒体设施和演播环境要求较高，如果投影不清或音响不好，就会影响教学

效果。

多媒体链接在新闻传播学教学中应用得非常广泛，像人物简介、专题资料、历史影像、新闻案例、影视片段、动画短片等与教学内容相关的素材都可以链接到课堂上。

实物链接。课堂教学是教师与学生进行面对面交流，因此可以通过呈现实物或实物模型的方式便于学生直观地感知教学对象。

新闻传播史有关早期传播工具的介绍，有铅活字印刷工具、无线电报机、机械电视机、录音机和录音带、录像机和录像带等，现在比较先进的传播工具，如录音笔、数码摄像机、航拍器等。教师可以把这些体积较小的传播工具或模型带到课堂上供同学们观摩学习。

实物链接的好处是直观性强，不仅可以认识和感知事物，还能上手操作，既能加深学生对于事物的印象，还能培养学生的动手能力。

现场链接。对于一些不便移动的事物，比如轮转胶印机、卫星转播车等设备以及大型演播室等场所，单靠语言描绘、图片展示还不能全面揭示它的奥秘，教师可以让学生到现场进行观摩，这种链接方式就是现场链接。

同时，对于一些复杂的劳动，比如报纸的排版和印刷、电视的拍摄与剪辑等，教师的语言和前人的经验不能让学生产生深切的体会，教师也可以采用现场链接的形式，带领学生到现场进行观摩。

现场链接和教学实践环节在内容和形式上有很多相同之处，所不同的是，现场链接是教师个人主导的教学行为，教学实践环节是由学校统一安排的教学活动。

嘉宾链接。教师可以把一些知名的学者和新闻从业者邀请到课堂上，向学生分享他们的经验和故事，这种"链接式教学"，我们可以称之为嘉宾链接。

嘉宾链接的好处是可以把最新的研究成果及工作经验引入到课堂上，有利于增长学生的见识，还可以让学生与嘉宾实现面对面的交流和互动，增强学生主动学习的意识，提高学生独立思考的能力。

嘉宾链接在很大程度上受制于教师个人的社会地位和人际关系，在普及和推广上存在一定难度。为此，教师应积极参加社会实践或学术交流活动，多交一些值得信赖的朋友，在日常生活和人际交往中不断拓展自己的人际关系。

三、"链接式教学"的注意事项

"链接式教学"的实施要靠学校以及教师本人的共同努力，同时也需要得到社会各界的认可与支持。具体而言，实施"链接式教学"应注意以下几个问题。

（一）不断更新链接内容，做到与时俱进

随着时代的发展以及人们生产实践活动的变化，信息传播的内容和形式每时每刻都在发生变化，新闻传播学研究的领域以及研究的成果也在不断更新。新闻传播学的链接内容也应该及时更新，与时俱进。

有关文献表明，在课堂教学中，学生保持注意力的集中大概只能维持五分钟，教师必须在学生注意力下降的关口，链接学生感兴趣的内容，才能使学生上课的注意力维持在一个较高水平。而学生感兴趣的内容大多是与当今时代或现实社会相接近的。因此，教师只有不断地更新链接内容，才能有效地提高课堂的吸引力。

（二）不断改进链接方法，做到创新求变

随着科技的发展以及传播技术的不断进步，信息传播、接收以及互动的方式在不断变化，人们接受信息的方式和习惯也在不断发生变化。"链接式教学"只有适应学生的接收习惯，不断创新链接方法，才能取得良好的教学效果。

从新闻传播学教学的发展趋势来看，传统的咬文嚼字式教学方式正在逐步被淘汰，取而代之的是全媒体互动的教学理念和教学方式。教师应该灵活运用文字、图片、音频、影视、动画、实物等各种链接形式，吸引学生参与到课堂互动中，使课堂教学充满生机和活力。

（三）不断开放链接环境，做到兼容并蓄

随着信息时代的不断发展以及知识更新速度日益加快，学生已经不满足于仅仅从书本中获取知识，他们期望从各类传播媒体中获取最前沿的信息；同时学生也不满足于仅仅通过听课、阅读等间接的方式来获得知识，他们希望未来的教学活动能有更多的实际操作、现场观摩、现场调查等直接感知的方式。

因此，未来的课堂教学应该形成开放的链接环境，能够吸纳各类媒体的有用信息，能够承载各类教学观摩和教学体验活动。

（四）不断改善链接效果，做到学用结合

教学、科研、社会服务是当代大学的三大职能，也是教师肩负的重要任务。教师在实施"链接式教学"的过程中，应该立足于社会发展中存在的问题和矛盾，培养和提高学生分析问题和解决问题的能力。具体到新闻传播学的教学中，教师应该把如何净化传播环境、如何改进传播手段、如果改善传播效果、如何消除传播障碍等现实问题链接到课堂上，启发学生思考，培养

学生的科学研究品质和社会服务意识。

目前，新闻传播学在推广"链接式教学"模式的过程中受到政策、环境、资金、资源等各方面条件的制约，需要得到人们的广泛关注和重视，同时也需要政府、学校、家庭、企业、媒体以及社会各界提供更多支持和便利条件。

第四节 体验式实践教学在新闻采访学中的应用

作为新闻学专业的核心主干课程，"新闻采访学"重在培养、训练学生的专业技能与创造能力。与传统的课堂教学方法不同的是，体验式教学法更能有效地培养学生的新闻采访实战能力。本节以教学新思路和新方法为例，构建适合新闻本科教学的"新闻采访学"教学实践体系。

"新闻采访学"是新闻学专业的基础课程，新闻采访学是新闻学的一个重要分支，属于新闻业务范畴，同时又是一门相对独立的学科，它具有一套相对完整的学科理论体系。新闻采访学的任务是研究新闻采访活动的现象，揭示新闻采访活动的内在规律，从而科学地概括出反映这一活动规律的知识体系，并确立实施这一活动应有的行为规范，更好地指导新闻采访实践。

新闻采访是新闻工作者的一项基本功，"新闻采访学"作为新闻学本科生的专业基础课，是新闻专业学生掌握新闻传播学理论知识及实战技巧的主要课程。通过对课程的学习，学生能够熟悉新闻采编业务，具备较强的新闻策划、采访、写作、编辑、摄影能力，为日后的新闻传播工作打下坚实的基础。

理论需付诸实践，但目前该课程的实践教学多数仅限于课堂上的理论教学，极少有让学生走出校门、真正深入了解并掌握采访技能的实践形式，教育教学改革势在必行。本课程的教育教学改革目标是理论与实践间的融会贯通，因此课堂教学需结合实践，对新闻采访学的传统教学模式进行创新，构建新闻采访课程的特色实践教学体系，对学生进行综合实践能力的培养，并在实践中不断完善。

一、构建体验式实践教学体系的背景

新闻采访学传统教学模式着重于理论的课堂教学，在教学过程中极易出现理论脱离实践，在工作岗位中出现"上手慢"、实践操作能力欠缺的状况。新闻采访课程作为新闻学专业的核心课程，教师不仅要向学生传授新闻采访的基本理论、方法、技巧，更要注重实践教学，切实培养学生的新闻实务素质，让学生在实践中进一步理解和运用新闻采访的方法和技巧。2005年，清华大学李希光教授创建了"大篷车"教学方式，带领学生重走长征路，将课堂搬至楼兰古城、蒙古包、藏族木屋里，结合案例进行现场教学，引发学界、业界的普遍关注。纵观发达国家新闻教育理念，更是以实务训练为本位，如美国名校新闻学院，教师分学术型和新闻实务型，对实务型教师的要求是具备10年以上的媒体从业经验。而在加拿大，其新闻教育更是强调学生的新闻业务实践技能，如熟稔新闻采编流程，具备较强的新闻采访、新闻写作、新闻策划技巧，具备一定的广播电视制作技巧，熟练操作传统纸媒的采写流程及电视节目的剪辑制作等。此外，学制设置了两个半年的实习期，给学生充足的时间锻炼综合实践能力。

在国内，目前该门课的实践教学由于社会资源匮乏，多数仅限于课堂上的理论教学，极少有让学生走出校门、真正深入了解并掌握采访技能的实践形式。教师的课堂教学流于纯理论的教学模式，不少高校招聘需博士研究生学历，将业界具有丰富新闻采编实践经验的新闻从业人员拒之门外。以科研成果作为教师的考核评价标准，教师用更多的精力投身于科研之中，轻教学，更无精力深耕细作于三尺讲台上，教育教学改革势在必行。

二、体验式新闻采访学实践教学体系的构建

新闻采访课程实践教学体系的核心是体验式教学，体验式教学吸收了建构主义学习理论与教育科学关于主体性研究的成果，是在教学过程中，根据学生的认知特点与规律，通过一定的手段和办法，呈现或再现、还原教学内容，使学生在亲历的过程中理解并建构知识、产生情感、生成意义和发展能力的一种教学模式。构建新闻采访课程的实践教学体系，分为课堂实践、校园实践、媒体单位实践三个部分。

课堂实践以"每日讲坛""模拟新闻发布会"两种方式分阶段形成常态，贯穿 2/3 的教学周。新闻采访学教学内容分为采访原理论、采访方法论、采访分类论，在授予采访原理论时，每次课前开讲"每日讲坛"，"每日讲坛"的话题紧扣时事热点及有代表性的新闻事件，学生组成小组对新闻事件进行分析评议，以此培养学生独特的新闻视角及创新性思维。学生奠定一定新闻业务素养后，教师在讲述采访方法论和采访分类论时，每次课前举行"新闻发布会"，选题由易到难，涉及国内、国际时事热点，教师做相应的记录，筛选出学生表现的出彩点，在新闻发布会结束时给予详细的评价。而在当天主要知识点教学设计方面，改变传统的以教师课堂讲授理论为主的教学方式，结合经典案例组织学生讨论，并依照学情，选取不同的案例做重点分析。

"每日讲坛""模拟新闻发布会"培养了新闻专业学生应有的媒介素养。以此为基础，在后 1/3 教学周内，体验式教学进一步扩展到校园真实的采访环境中进行。结合不同知识点，校园实践活动分为发现校园内的新闻线索、采访校园内"有特点"的陌生人、挖掘校园内发生的新闻选题、电话采访等，既提高了学生学习的兴趣，也使得传统"新闻采访学"课程教学重理论、轻实践、学生动手能力差的状况得到根本性的改观。

而在校外传媒工作实践方面，于课后投入一定人力、物力，以实务训练为本位，在广播、电视、报纸（主流媒体、行业类报纸）一线记者的指导下，引导学生掌握多元采访方法及其技巧，同时引导学生关注社会、关注现实、关注民生、关注媒体，为学生以后成为一名有思想、有社会责任感的新闻工作者奠定坚实基础。选取在大众传播媒体与新媒体一线岗位工作的资深记者，分别担任不同学生的指导教师。媒体指导教师即一线记者带领组员进行实地采访，采访范围涉及多方领域。在新闻采访过程中，让学生深入掌握各种不同采访领域、不同新闻文体需求的采访技能，使学生有效地把课堂上、校园内学到的新闻采访知识转化为能力。

通过研究和教学实践总结出来的以"模拟新闻发布会""每日讲坛"、校内实践、媒体实践等为主要内容的"体验式实践教学法"，突出了学生在教学中的主体地位，体现了开放式教学的特色。在实践课时有限的情况下，组织学生利用课余时间，在主流媒体资深记者的指导下直接进入一线采访及写作，把教学实践活动与真实的媒体生态环境有机结合起来，将教学从课内延伸到了课外，开拓了实践教学的新途径。

以信息技术与课程整合为手段，教师建立 QQ 讨论群、微信讨论群，设立学生传媒小组，将教学活动与教学资源的开发和建设结合起来，通过教学改革和教学研究，充实和完善"新闻采访学"课程的教学信息资源，完善教学手段。教学手段的多元化也构建了新闻采访课程的特色实践教学体系，建立和实践了具有强烈好奇心、高度社会责任感、敏锐观察力和独到分析力的人才培养模式。

本课程的实践教学，帮助学生树立了科学的新闻观，培养了学生既具有较开阔的国际视野，又了解、熟悉中国的国情，有着较强的社会责任心；既熟练掌握新闻采访的基本原理、基础知识与基本方法，又具有较强的新闻采访实战能力。该体系具有很强的针对性和系统性，在新闻学科教学改革方面迈出了重要步伐，取得了一定的人才培养效益，促进了人才培养质量的提高，有普遍推广价值。

第五节 新闻传播学在科普教育
活动中的应用

在新的传播环境下，我们的生产活动以及经济社会发展格局正在发生前所未有的深刻变革。适时建立科普宣传的专门机构，发挥科技新闻专业人才的作用，对于整合资源，推进各项工作扎实有序、又好又快地开展，有着十分重要的作用。近年来，随着社会经济发展的不断加快，国民素质的提升被相关部门给予了高度重视。纵观科普教育开展的实际情况，其教育效果的提升主要依赖于科普信息的有效传递。基于此，本节主要从新闻传播学角度出发，探讨如何通过新闻传播学的有效应用提高科普教育活动的整体质量，以此来为后续工作的开展提供参考。

一、科普信息传播

所谓科普信息传播，主要是指将各类与科学技术相关的信息知识以各类渠道在社会大众中传播、交换，以此来实现科普信息在各个群体、各个组织间的共享，让社会大众能够对科学技术知识有一定的了解和掌握。这里所涉及的内容多是伴随科学技术进步而产生的科学技术知识。与其他信息传播相比，科普信息传播因其能够提高群众科学知识水平、科学综合素养而更具主观性，信息传播过程中更为注重知识信息的有效共享，包括科学知识、科技信息的产生、传递、交流、反馈，作为研究对象更加客观。

就现阶段科普信息传播的主要内容来看，大致可分为以下三种类型：一是具体科学技术知识，即通过报道最新科学技术成果来使社会大众了解当下人类科技进步的最新动态；二是伴随着科学技术进步而产生或得到优化的生活技能和生产技术；三是推动科学技术持续进步的思想、方法、知识以及精神等内容。目前，可以用于科普信息传播的平台有很多，比如报纸、电视、广播、图书以及新媒体等，近几年来，新闻传播学逐步进入人们的视野，并且在科普教育活动中发挥着不可替代的作用。

二、新闻传播学在科普教育活动中的应用

利用新媒体开展科普信息传播。由于科普信息本身所涉及的内容具有客观性，大多都是些生涩难懂、晦涩深奥的科学原理及研发过程，所以如何将这些知识直观地传递给社会大众一直都是传统传播媒介所面临的难题。正因为存在这样的限制，所以传统传播媒介在科普信息传播中，通常会以一些简单易懂的内容为突破口，从而导致科普信息传播的覆盖面较窄，信息传递过于局限，无法从根本上实现科普教育活动的目标。"网络和新媒体"是

新闻传播学的一个分支，旨在利用先进的计算机技术和网络技术实现信息的快速传递与共享，最大限度地提高信息传播效果。与其他传播媒介相比，新媒体可以将科学技术知识以图文、视频、音频、动漫等多种形式传递给受众群体，多种内容表述方式的融合，有利于增强科学知识的直观性和形象性，让受众群体在理解科学知识的基础上，对科学产生更浓厚的兴趣，以此来更好地促进科普教育活动的顺利开展。

用定制化、个性化内容占领碎片时间。随着人们生活节奏的不断加快，社会大众花费在阅读上的时间越来越少，深入系统的阅读几乎无法实现。面对这样一种状态，科普信息传播若想达到最佳效果，就必须了解受众群体的阅读特点，利用新媒体碎片化的呈现方式，实现科普信息个性化、定制化传播。从新闻传播学的角度来看，传统媒介由于无法对用户的需求进行全面、系统的了解，所以无法满足用户的多样化需求，这势必会让信息传播大打折扣。但基于大数据技术，新媒体平台则可以对用户的爱好、兴趣进行精确掌握和了解，并以此为依据将用户所需的科普信息及时、有效地传递给受众群体，使科普信息传播更具针对性。比如说，对精英群体提供理财信息、科研信息；对家庭主妇提供育儿知识、生活小常识；对老年群体提供养生、健康等知识。这类信息不仅具有个性化和定制性的特点，而且可以充分满足不同群体的需求，使传播达到最为理想的效果。

利用新闻传播媒介提升科普信息传播格调。在新闻传播学的视角下，科普信息只有不断提升传播格调，才能够进一步扩大传播范围，提升传播效果。因此，在传统媒体时代将科学知识、技术应用作为科普信息传播主要内容的格局也有待变革。科学技术知识是科普信息传播的具体载体，但这并不是科普信息传播的全部内容。帮助公众理解科学的本质，将科学精神、科学思想、科学文化以及科学的世界观、科学探索方法和科学事业等方面的内容深入推广才更是开展科普信息传播的最终目标。我们只有认识到这一点，才能够实现真正意义的科普信息传播。

综上所述，新闻传播学作为以信息传播为主的学科，与科普教育的契合度是不言而喻的。所以，科普教育工作者需要结合现阶段科普教育的目标，实现新闻传播学与科普教育的有效融合，将新闻传播学的作用最大限度地发挥出来，从而更好地提高科普教育活动的整体质量。

第六节 时事财经新闻在经济学基础
教学中的应用

"经济学基础"是财经类专业的基础课程，学好经济学基础有着重要的意义。本节结合"经济学基础"的知识点，阐述时事财经新闻与经济学基础教学具体知识点的具体融合，提出了"经济学基础"实践教学的具体方式，并提出了实践教学的注意事项。

"经济学基础"是高校经管类专业的核心基础课程之一，理论性、实践性、综合性以及运用性强是该课程的重要特征。在日常的教学中，该课程结合当下国家在各大财经网站上颁布的政策与理论，旨在培养学生的实际分析和操作运用能力。

一、时事财经新闻融入经济学基础教学的必要性

时事财经新闻融入经济学基础教学有助于激发学生的学习兴趣。我国改革开放以来取得了举世瞩目的成就，这与国家宏观经济政策是分不开的。

一项项经济政策的颁布和实施，对经济有着怎样的调节作用，它的实施效果如何，这些现实经济问题能激起学生的好奇心，对经济学产生浓厚的兴趣。兴趣是学习的动力，也是最好的老师。当学生对经济学中出现的大量图形、表格、数据和理论不再觉得枯燥和抽象时，学生会主动自觉地融入教学之中，变被动学习为主动学习，并会发现经济学中有许多有趣的社会经济现象，会主动去掌握经济学中的分析工具和研究方法。

关注热点经济问题有助于培养学生的职业综合能力。关注热点经济问题，了解国家对各个行业的政策，这是一个动态的学习领域，要不断更新教学内容，注重教学内容的动态变化，与时俱进。如当下的房地产价格和股票市场价格涉及价格机制、金融市场和宏观调控政策。通过最新最真实的典型事例，引导学生了解市场和政府意图，理解和掌握基本概念和原理，在此基础上理解理论是如何与实际相联系解决经济问题的。国家颁布的宏观调控政策是通过什么样的机制产生作用，知识如何转化为解决实际问题的能力。通过这种方式培养学生独立分析和解决问题的能力，同时培养学生理论联系实际的能力、社会适应能力以及职业综合素质。

二、时事财经新闻与经济学基础教学的具体融合

运用供求定理分析股票市场。从 2014 年 7 月上证指数 2049 点到 11 月 21 日的 2486 点，股票市场一直处于震荡上扬的趋势，从"熊市"中走过来的投资者在这段时间分不清是"牛市"到来还是"熊市"反弹。随后，中国人民银行突然降息，市场处于亢奋状态，上证指数在短短 5 个交易日冲破 3000 点，到达 3404 点，形成第一次"疯牛"走势。之后，新华社发文抨击"疯牛"和高杠杆，证监会查两融违规，导致市场走了两个月的"慢牛"行

情。当市场再次上攻冲破 2009 年 3478 高点之后，市场迅速攻克 4000 点大关，再现"疯牛"行情。4000 点之上，市场普遍感到胆怯，很多人都准备"刀枪入库，马放南山"了，是新华社和人民日报连续发文 4000 点合理，4000 点是新的历史起点，于是市场第三次"疯牛"走势出现，一个半月的时间就冲上了 5000 点。上证指数上了 5000 点后，市场出现了真正的"慢牛"走势。为什么会出现这种情况呢，我们可以用经济学基础中的供求定理来分析。

我们现有的投资渠道较少，所以理财方式有限。人们一旦发现投资股票可以获取利润，投资者有利可图，就会增加对股票的需求，股票价格上升。股票市场中的这种现象就是经济学基础当中的"吉芬现象"，它是需求定理的例外。需求定理指的是商品的需求量与价格反方向变化，即需求量随着商品本身价格的上升而减少，随着商品本身价格的下降而增加。"吉芬现象"是越贵的东西人们越愿意买，股票价格越往上涨买的人越多，各路资金源源不断进入股票市场，不断增加对股票的需求。投资者对价格的预期和政府的支持引导是影响股票投资需求增加和股票价格上涨的主要因素。

我们也可以从供给的角度来分析。在 2000~3000 点时，每月发行新股数量较少。在 3000~4000 点，每月发行新股数量 20 家左右，不断增加。在 4000~5000 点，每月发行新股再增加到 30 家左右。到 5000 点上方，管理层增加新股发行次数，从每月发行一批到每月发行两批，达到 45 家左右，并有中国核电和国泰君安等融资超 300 亿的大盘股发行上市。随着人们对股票投资需求的不断增加，股价上涨，IPO 的发行和注册制的不断推进，股票的供给也不断增加，这也是符合经济学基础当中的供给定理的，即在其他条件不变的情况下，供给量随着商品价格上升而增加，商品价格与供给量呈同方向变动的关系。

运用扩张性财政政策加速经济持续均衡增长。2014 年我国 GDP 的增长率为 7.4%，但房地产和制造业投资减速快于预期，国有土地出让收入大幅下滑，银行面临有效贷款需求不足的问题。国家统计局发布 2015 年 5 月宏观经济运行数据，CPI 为 1.2%，PPI 3 月至 5 月为－4.6%，仍在深度收缩区间。通货膨胀率为 1.5%，处于低通胀环境。前 5 个月进出口总值同比下降 7.8%，出口增速明显下降。原来预定 2015 年 DGP 增长率为 7.1%，后微调至 7.0%。面对经济下行压力，2015 年 3 月 5 日，李克强总理在《2015 年政府工作报告》中明确指出，2015 年继续实施积极的财政政策。2015 年初中央政府便派出减税降费的"大礼包"，其中包括支持小微企业发展和创业创新，降低企业和职工缴纳失业保险率，以及扩大享受减半征收企业所得税优惠政策的小微企业范围等。2015 年 5 月 4 日，国家税务总局发布的数据显示，2015 年一季度小微企业减税 240 亿元。

此外，国家为鼓励使用新能源，2015 年的车船税使用新标准，新版车船税减免政策公布节约能源，车船税减半。中国国务院常务会议决定，从 2015 年 5 月 1 日起，下调铁矿石资源税征收比率，征收比率从之前的 80% 下调至 40%。除此之外，政府加快对水利、铁路、生态环境和保障房等项目的审批和启动速度，在简政放权和推动大众创新、万众创业等方面改革力度加大。这些措施都是政府从财政政策方面应对经济增速放缓的措施，通过减轻企业经营成本、增强企业与国际厂商的竞争能力，降低税负加大企业的投资需求，加大项目支出、加大政府的需求来刺激宏观经济发展。

运用稳健货币政策调节经济下行压力，刺激实体经济增长。2015 年的物价处于历史低位，政府通过降低利息率和准备金率，进一步巩固了社会融资成本下行，为经济结构调整和转型升级营造了中性适度的货币金融环境，刺激了实体经济的投资需求，经济持续均衡增长。

中国人民银行决定，自 2015 年 2 月 5 日起下调金融机构人民币存款准备金率 0.5 个百分点。同时，为进一步增强金融机构支持结构调整的能力，加大对小微企业、"三农"以及重大水利工程建设的支持力度，对小微企业贷款占比达到定向降准标准的城市商业银行、非县城农村商业银行额外降低人民币存款准备金率 0.5 个百分点，对中国农业发展银行额外降低人民币存款准备金率 4 个百分点。央行自 2015 年 3 月 1 日起对称降息 0.25 个百分点，这是央行继 2014 年 11 月降息后半年内第二次降息。央行同时将金融机构存款利率浮动区间的上限由存款基准利率的 1.2 倍调整为 1.3 倍。5 月 10 日央行宣布自 2015 年 5 月 11 日起下调金融机构人民币贷款和存款基准利率。金融机构一年期贷款基准利率下调 0.25 个百分点至 5.1%；一年期存款基准利率下调 0.25 个百分点至 2.25%，这是 2015 年上半年的第三次降息。

三、注意事项

时效性。国家政策的出台、热点经济问题是现实当中正在发生的，把它拿到课堂上来讲述和讨论，是最容易吸引学生的注意力，激发学生兴趣的。学生对于自己的身边事、眼前事的触动性最大，有强烈的参与愿望，课堂上教师需要结合教学目标和当前社会上发生的时事，梳理整个教学内容，提出针对性的问题，吸引同学广泛参与到课程学习和讨论中去，更好地完成教学目标，同时学生在参与讨论时也激发了自己对学习、对知识的探索欲，上课也更容易集中精力跟着教师的讲课思路走。

课堂互动。在时事财经新闻的教学中，要坚持师生互动原则，利用双向交流使学生在较短的时间内进入角色，对时事案例展开分析。通过切身的参与，学生对学到的知识会有非常深刻的印象，同时教师的及时指导，更能帮助学生了解到国家政策是如何调节经济的，以及国家宏观调控中运用到的经济学知识，强化理论学习能力和实践运用能力。

参考文献

[1]何志武,董红兵.新闻传播教育改革的逻辑[J].新闻与传播评论,2019,27(05):37-45.

[2]胡百精.大学现代化、生态型学科体系与新闻传播教育的未来选择[J].中国人民大学学报,2019,33(02):132-139.

[3]方汉奇.发现与探索：方汉奇自选集[M].北京：首都师范大学出版社,2009.

[4]邓绍根,李兴博.百年回望：论中国新闻传播教育发展历程及其特点[J].现代传播(中国传媒大学学报),2019.41(06):154-164.

[5]曹林.新闻学失去新闻基因的致命危机[J].青年记者,2018(19):11-13.

[6]Carey,李昕.新闻教育错在哪里[J].国际新闻界,2002(03):8-11.

[7]邓建国.传统与变革：数字时代老牌新闻学院的变与不变：以哥大新闻学院的课程改革为例[J].新闻大学,2014(06):109-115+88.

[8]韦伯.学术与政治[M].冯克利,译.北京：生活·读书·新知三联书店,1998.

[9]郑莹莹.构建广播电视新闻学专业实践教学新体系[J].明日风尚,2018(6)：215.

[10]邹火明.广播电视新闻学专业发展创新之路[J].长江大学学报(社会科学版), 2017, 32(04)：84-86.

[11]王玮杰.广播电视新闻学的现状和发展趋势[J].才智,2016(15):255.

[12]柯泽.广播电视新闻学专业教学理论与实践探索[M].北京：中国传媒大学出版社,2011.

[13]张婷.媒介融合背景下的新闻传播与新闻教育[J].新闻传播,2017(17):54-55.

[14]王宇.媒体融合时代新闻传播学也需融合发展[J].现代视听,2019(03):87.

[15]王霞,王娟,赵志明. 融合新闻人才的培养及其教学模式[J]. 新闻传播,2017(15):6-7.

[16]毛章清.厦大新闻学茶座(26)程曼丽教授谈中国对外话语体系的建设[J].国际新闻界,2017,39(06):172-176.

[17]童兵.在文化合力中推进新闻学话语体系建设[J].现代传播(中国传媒大学学报),2017,39(06):10-14.

[18]胡钰,虞鑫.中国特色新闻学话语体系论纲：概念、范畴、表述[J].全球传媒学刊,2018,5(01):1-18.

[19]刘枫.新闻学话语体系的现实需求与实现路径[J].青年记者,2018(06):33-34.

[20]崔冰蕊.刍议中国特色新闻传播学术话语体系的自主建构[J].赤子(上中旬),2015(16):241.

[21]刘枫.略论新闻学话语体系建构的四个层次[J].西部学刊,2017(12):79-81.

[22]李长津.中国特色新闻传播学术话语体系自主建构思考[J].电视指南,2016(12):196.

[23]季为民.中国特色社会主义新闻学"三大体系"的建构[J].新闻与传播研究,2019,26(09): 16-25+126.